Cornelia Weise

Offene Arbeit im Kindergarten - Praxiserfahrungen

Cornelia Weise

Offene Arbeit im Kindergarten - Praxiserfahrungen

Bedingungen, die das Gelingen des Konzeptes in der Praxis beeinflussen

VDM Verlag Dr. Müller

Impressum

Bibliografische Information der Deutschen Nationalbibliothek: Die Deutsche Nationalbibliothek verzeichnet diese Publikation in der Deutschen Nationalbibliografie; detaillierte bibliografische Daten sind im Internet über http://dnb.d-nb.de abrufbar.

Coverbild: www.purestockx.com

Erscheinungsjahr: 2008
Erscheinungsort: Saarbrücken

Verlag:
VDM Verlag Dr. Müller Aktiengesellschaft & Co. KG, Dudweiler Landstr. 125 a, 66123 Saarbrücken, Deutschland,
Telefon +49 681 9100-698, Telefax +49 681 9100-988,
Email: info@vdm-verlag.de

Herstellung in Deutschland:
Schaltungsdienst Lange o.H.G., Zehrensdorfer Str. 11, D 12277 Berlin
Books on Demand GmbH, Gutenbergring 53, D-22848 Norderstedt
Reha GmbH, Dudweilerstrasse 72, D-66111 Saarbrücken

ISBN: 978-3-639-06513-8

Inhaltsverzeichnis

Einleitung

Die vorliegende Arbeit ist als Ergebnis meiner Diplomarbeit „Offene Arbeit in Kindertageseinrichtungen" entstanden, die ich im Rahmen meines Studiums im Studiengang Sozialpädagogik erstellt habe. Als Grundlage dienten mir neben der Fachliteratur Interviews und Hospitationen in fünf ausgewählten Kindergärten eines städtischen Trägers, die in unterschiedlicher Weise und seit unterschiedlich langer Zeit auf dem Weg der Offenen Arbeit sind. Daneben lieferte mir auch die Begleitung des Teams eines weiteren Kindergartens in seiner konzeptionellen Weiterentwicklung im Rahmen meines praktischen Studiensemesters bei der für die Fachberatung[1] zuständigen Dienststelle dieses Trägers wichtige Erkenntnisse.

Natürlich vermag eine solche Ausarbeitung nur einen Ausschnitt wiedergeben. Immerhin kann ich aber einen Ausschnitt aus dem Alltag in der Praxis einfangen und anhand der Aussagen und theoretischer Bearbeitung zu der Erkenntnis gelangen, unter welchen Bedingungen Offene Arbeit in Kindertageseinrichtungen gelingen kann.

Ich möchte Erzieherinnen auf dem Weg der Öffnung Mut machen durch das Beispiel und die Erfahrungen anderer Teams, möchte Anregungen für Überlegungen und Diskussionen zu einzelnen Aspekten der Offenen Arbeit bieten.
Ein großes Anliegen der Interviewten war ein Feedback und der „Blick über den Tellerrand" – Antworten auf die Fragen: „Wie machen es die Anderen? Wie gehen andere Teams mit Stolpersteinen im Öffnungsprozess um?" Mit der vorliegenden Publikation hoffe ich, genau diese Erwartungen erfüllen und mich bei ihnen für ihre Bereitschaft zur Mitarbeit revanchieren zu können.

In dieser Ausarbeitung soll der Schwerpunkt auf **Kindergärten** als Einrichtung für Kinder beschränkt sein. Kindergärten im Sinne des Kindergartengesetzes für Ba-

---

[1] Fachberatung gibt es als Funktion fast 100 Jahre, als Berufsbezeichnung seit ca. 70 Jahren und hat sich als Aufgabe seit ca. 30 Jahren etabliert. Aufgabenbereiche sind: Aufsichtsfunktion, pädagogische Sachbearbeitung, beratende und steuernde Aufgaben im Trägersystem sowie bezogen auf Kindertageseinrichtungen. Als

den-Württemberg (KGaG) sind Einrichtungen von Trägern der Jugendhilfe, Gemeinden und Zweckverbänden zur Förderung der Entwicklung von Kindern vom vollendeten dritten Lebensjahr bis zum Schuleintritt (§1 Abs. 2 KGaG). Sie haben die Aufgabe, die Erziehung des Kindes in der Familie zu ergänzen und zu unterstützen, die gesamte Entwicklung des Kindes zu fördern sowie zu ermöglichen, dass Kinder mit und ohne Behinderung gemeinsam in Gruppen aufwachsen können (§ 2 Abs. 2 KGaG).[2]
Bei der Festsetzung der Bildungs- und Erziehungsziele im Kindergarten muss sich der Träger an die gesetzlichen Vorgaben des Bundes halten, die im KJHG festgehalten sind. In Kindergärten soll demnach „die Entwicklung des Kindes zu einer eigenverantwortlichen und gemeinschaftsfähigen Persönlichkeit gefördert werden".[3]

Im Folgenden werde ich der Einfachheit halber immer von Erzieherinnen, Leiterinnen usw. sprechen, da im Vorschulbereich die Anzahl der männlichen Fachkräfte verschwindend gering ist. Nichtsdestotrotz sollen sie hier ausdrücklich einbegriffen sein.

Alle Zitate aus den Interviews sind in der vorliegenden Arbeit kursiv geschrieben.

1. Theoretische Grundlagen der Offenen Arbeit

1.1. Entstehung des Konzeptes

Ein Konzept ist ein Handlungsmodell auf der Grundlage eines bestimmten Bildes vom Menschen und seiner Entwicklung, das Grundeinstellungen, pädagogische Ziele, Inhalte, Methoden und Verfahren in einen sinnvollen Zusammenhang bringt. Es stellt die Grundlage der pädagogischen Arbeit dar und beschreibt, wie diese im Alltag umgesetzt werden soll.[4]

Hauptaufgabe wird die Qualifizierung und Weiterentwicklung der pädagogischen Praxis angesehen. (vgl. Irskens 1997, S. 305)

[2] vgl. Vogt 1997, Teil 2 - 21.00, S. 1

[3] Stascheit 1996, S. 10 des Achten Buches

[4] vgl. Nagel 1999, S. 26f

Im Gegensatz zu vielen anderen theoretischen Konzepten im Kindergarten entstand die Offene Arbeit als Basisbewegung. „Sie begann damit, dass wache, selbstkritische und reflexionsbereite Erzieherinnen und Kindergartenteams die Situation für Kinder durch die Öffnung von Gruppen verbessern wollten.“[5]

Damit brachten sie in den 80er Jahren Bewegung im doppelten Sinne in die Kindergartenarbeit: Ihre kreativen und kooperativen Potentiale legten den Grundstein für eine zunehmend kindzentrierte Pädagogik – und: sie reagierten auf die „Lebensverhältnisse heutiger Kinder und deren eingeschränkten Bewegungsmöglichkeiten“.[6]

Auslösende Faktoren waren:

- Die Unzufriedenheit mit der Arbeit in den Gruppen: Die Kinder verließen (unerlaubterweise) die Räume und störten sich massiv in ihren so unterschiedlichen Spieltätigkeiten; die Zahl der „verhaltens- und sprachauffälligen“ Kinder nahm zu – die Erzieherinnen fühlten sich mit dieser Situation überlastet.
- Der gesellschaftliche Trend von mehr Eigenständigkeit und Entscheidungsfreiheit schlug sich auch im Kindergarten nieder: Reglementierungen wie der gemeinsame Toilettengang und das gemeinsame Schlafen zu festgelegten Zeiten wichen einer Praxis, in der Kindern mehr und mehr Verantwortung für die Wahrnehmung ihrer eigenen Bedürfnisse und ein entsprechendes Handeln zugetraut wurde.
- Der Psychomotorik auf der Basis des entwicklungspsychologischen Ansatzes Piagets wurde im Vorschulbereich ein bedeutsamer Platz eingeräumt – die ganzheitliche Sichtweise auf die vielfältigen Tätigkeiten des Kindes beim Wahrnehmen, Bewegen, Handeln, Sprechen und Spielen machte den Weg frei für Bewegungsbaustelle und Bewegungskindergarten[7], in denen Kinder spontan aktiv werden können und Platz für großflächiges Spielen und Bewegen haben.

---

[5] Regel/Kühne 2001, S. 9

[6] ebenda

[7] gemeint sind Räume oder Kindergärten, in denen Kindern besondere Möglichkeiten zur körperlichen Betätigung in spielerischer Form ohne Vorgaben durch die Erzieherin, oft mit – bis dahin unkonventionellen – Materialien wie z.B. übergroßen Schaumstoffwürfeln aber auch Baumstammscheiben oder Autoreifen geboten wird

- Die kritische Betrachtung der veränderten Lebensbedingungen von Kindern und Familien brachte neben dem Bewegungsmangel Aspekte wie immer geringerer Freiraum zu selbstbestimmtem und unbeobachtetem Tun der Kinder, schwindende Primärerfahrungen in der modernen Gesellschaft und zunehmender Leistungs- und Zeitdruck zu Tage. Gesellschaftsstrukturelle Veränderungen wie die Abnahme der Kinderzahl in Familien und die Zunahme der selbstverständlichen Berufstätigkeit von Frauen hatten ihrerseits Auswirkungen auf das Leben von Kindern und Familien.

Auf der Suche nach angemessenen Antworten auf die veränderten Lebensbedingungen von Kindern und ihren Familien bekam die Rückbesinnung auf Reformpädagogen des letzten Jahrhunderts einen großen Stellenwert. In den Ansätzen von J. Korczak, C. Freinet, L. Malaguzzi (Reggio-Pädagogik[8]) und M. Montessori fand sich eine wichtige Bestätigung für die sich wandelnden Ansichten vom Kind und seiner Entwicklung.[9]

Die Entwicklung des Konzeptes der Offenen Arbeit stellte eine große Chance für die Erzieherinnen dar – aber auch eine große Herausforderung: mangels theoretischer Grundlagen wurden sie zu Handlungsforscherinnen. Schritt für Schritt schufen sie durch selbstkritische Praxisreflexion einen kindgemäßen und auf die jeweilige Lebenssituation der Kinder bezogenen Entwicklungsrahmen, dessen Vorteil es ist, dass er eben durch diese ständige Praxisreflexion flexibel und kindorientiert bleibt.

Die Gründe, warum Kindergärten sich heute dazu entschließen, zur Offenen Arbeit über zu gehen, unterscheiden sich nicht wesentlich von den Gründen, weshalb damals die Offene Arbeit zum Thema in Kindergärten geworden ist. Egal, ob es um einen Neubau eines Kindergartens oder um die Umstrukturierung in einem beste-

---

[8] bezeichnet ein Modell vorschulischer Erziehung mit Schwerpunkt auf die Wahrnehmungs- und Ausdrucksfähigkeiten des Kindes nach dem Motto: „Nichts ist im Verstande, was nicht zuvor in den Sinnen war." vgl. Dreier 1997, S. 768

[9] vgl. Regel/Kühne 2001, S. 17

henden Kindergarten geht, vorwiegendes Motiv ist in jedem Fall die Orientierung an den Bedürfnissen der Kinder, an den veränderten Lebensbedingungen für Kinder von heute und die Schaffung von mehr Spiel- und Bewegungsmöglichkeiten als Antwort darauf.

Wer genauer hinsieht, kann feststellen, dass heute fast in allen Kindergärten Öffnungsprozesse stattfinden - der Mut zu Veränderungen hat im Laufe der letzten Jahrzehnte wohl ansteckend gewirkt.[10]

1.2. Das zugrunde liegende Menschenbild

Ein Menschenbild ist eine relativ stabile Grundannahme, ein Bild vom Menschen, das jeder – bewusst oder unbewusst – hat. Es ist ein Orientierungsmuster aus Werten, das uns im Urteilen und Handeln leitet.

Der Offenen Gruppenarbeit liegen Grundannahmen vom Menschen und seiner Entwicklung zugrunde, die auf Rousseau, Montessori und schließlich auch Piagets Erkenntnismodell von der Theorie der geistigen Entwicklung des Menschen zurückführen.[11]

Besonders hervorzuheben ist Maria Montessoris Erkenntnis, dass Freiheit eine unbedingte Voraussetzung für die Entwicklung von Kindern ist: Kinder müssen ihre Tätigkeit, ihre Spielpartner, ihr Tempo sowie die Dauer der Beschäftigung selbst bestimmen können und außerdem in ihrer Umwelt Materialien vorfinden, mit denen sie sich selbstständig handelnd auseinandersetzen können. Ihr Menschenbild sah das Kind als eine von Geburt an eigenständige Person, die sich gemäß ihrem inneren Bauplan entwickelt. „Wir als Erziehende können es in diesem Prozess lediglich unterstützen und sollten uns dessen in aller Bescheidenheit bewusst sein. Unsere Aufgabe besteht vor allem darin, die Umgebung nach den Bedürfnissen der Kinder zu

---

[10] vgl. ebenda, S. 20
[11] vgl. Regel 1992, S. 36

gestalten, sie in dem Umgang mit den Materialien einzuführen, uns aber zurückzuhalten, sobald die Kinder selbst tätig geworden sind."[12]
Es sind also anthropologische[13] Grundannahmen wie Autonomie, Selbstorganisation und Selbstbestimmung, die die Basis der Offenen Arbeit bilden.[14]

Anfang der 90er Jahre vertiefte sich diese Grundhaltung, nach der das Kind nicht mehr Objekt erzieherischen Bemühens ist, sondern Akteur seiner Entwicklung. Mehr noch: „Kinder bringen sich in der Auseinandersetzung mit der Umwelt originär zum Ausdruck, ziehen aus den Erfahrungen Rückschlüsse, weil sie spüren, was für sie gut ist, verändern dabei ständig ihre Sicht von der Welt und werden so zu einer unverwechselbaren Persönlichkeit. In diesem Selbstgestaltungsprozess sind Kinder nicht nur Akteure, sondern auch Konstrukteure und Baumeister ihres Lebens."[15]

1.3. Ziele und Grundsätze

Der Offene Kindergarten will eine „Herausforderung zur individuellen Entwicklung von Kindern sein".[16] Aufgrund des differenzierten Angebotscharakters, der zu verschiedenen Spielerfahrungen führen soll, wird es den Kindern ermöglicht, ihren Bedürfnissen entsprechend tätig zu sein. Sie sollen dadurch lebenstüchtiger - bezogen auf unsere sozio-kulturelle Lebensweise - werden. In Anlehnung an Piagets Erkenntnistheorie sollen die Kinder mit dem Schaffen herausfordernder, auffordernder Spielbereiche durch neue, unbekannte Möglichkeiten in einem positiven Sinn aus dem „Gleichgewicht" gebracht werden – in ihrem Willen, dieses selbstständig wieder auszugleichen, erwerben sie die dafür erforderlichen Kompetenzen.[17]

Die Grundsätze der Offenen Gruppenarbeit lassen sich so zusammenfassen:

---

[12] Montessori nach Regel/Wieland 1993, S. 56
[13] Anthropologie bezeichnet die Wissenschaft vom Menschen, fragt nach dem Wesen des Menschen in seiner Natur und Geschichte. Vgl. Tenorth 1997, S. 48
[14] vgl. Regel/Kühne 2001, S. 19
[15] Regel/Kühne 2001, S. 19
[16] Regel 1992, S. 42
[17] vgl. Regel/Kühne 2001, S. 29

- Kinder sind eigenständige kleine Menschen und haben die Kraft und den Willen, ihre Entwicklung durch Eigenaktivität in einer anregenden und herausfordernden Umwelt selbst zu vollziehen.
- Jedes Kind ist mit seiner individuellen Lebensgeschichte und seinen besonderen Entwicklungsbedürfnissen willkommen.
- Der Schwerpunkt wird von der Defizitorientierung hin zur Bedürfnisorientierung verlagert: Abweichungen von der Norm sollen nicht Hauptmerkmal des Kindes sein.
- Im Offenen System wird auf das Lernen durch Nachahmung, durch Versuch und Irrtum und durch gemeinsames Lernen gesetzt. Erwachsene sollen durch ihr Vorbild ein Teil der fördernden Umwelt sein.
- Besondere Förderansprüche werden in der Zusammenarbeit mit Eltern, Erzieherinnen und Therapeuten in den Kindergartenalltag integriert.
- Die Offene Gruppenarbeit erfordert wache, fragende und zur Kooperation bereite pädagogische Mitarbeiterinnen, die sich täglich zum Gespräch zusammen finden.[18]

Die pädagogische Arbeit im Offenen Kindergarten auf der Grundlage veränderter anthropologischer Grundannahmen und konsequenter Kindorientierung sowie das kooperative Selbstverständnis bei den Erzieherinnen bilden den eher unsichtbaren Teil des Offenen Kindergartens - die damit verbundenen neuen Haltungen und Umgangsformen machen sich vor allem auf der atmosphärischen Ebene bemerkbar. Die sichtbaren Seiten jedoch zeigen sich durch „bestimmte Perspektiven und Vorstellungen eines Entwicklungsrahmens, die sich in der konkreten Gestaltung von Zeit- und Raumstruktur, Freispiel, Angeboten, Projekten sowie Kommunikationsgruppen und anderen gemeinschaftlichen Formen niederschlagen“.[19]

[18] vgl. Regel 1992, S. 43f
[19] Regel/Kühne 2001, S. 21

1.4. Strukturmerkmale

Die Offene Arbeit tritt heute in vielfältigen Formen auf, denn jeder Kindergarten ist einzigartig und entwickelt seine eigene Arbeitsform.

„Zwischen dem zeitweisen Öffnen der Türen und der Umgestaltung zum Offenen Kindergarten mit und manchmal auch ohne Stammgruppen gibt es viele Schattierungen offener Arbeit mit und ohne gruppenübergreifende Angebote, Projekte und Arbeitsgemeinschaften.“[20]

So vielfältig die Offene Arbeit im Alltag ausgestaltet wird, lassen sich doch alle Formen auf eine gemeinsame Basis zurückführen: die Strukturmerkmale. Das nachfolgende Schema erfasst die Komplexität der inneren Struktur mit nur zehn Strukturmerkmalen und trifft auf jeden Offenen Kindergarten zu.[21]

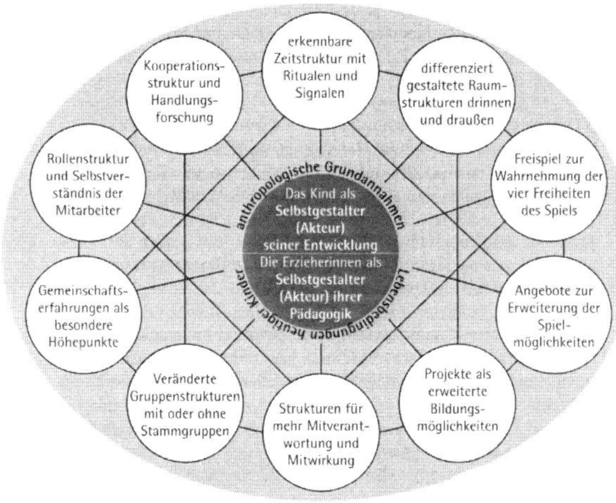

Abbildung 1: Schema Strukturmerkmale Offener Kindergarten. Entnommen aus: Regel/Kühne 2001, S. 39

Die Grundlagen aller Strukturen im Offenen Kindergarten bilden die in Kapitel 1.2. beschriebenen anthropologischen Grundannahmen über das Kind als Selbstgestalter

[20] Regel 1992, S. 36
[21] vgl. Regel/Kühne 2001, S. 38ff

seiner Entwicklung sowie über die Erzieherin als Selbstgestalterin ihrer Pädagogik. Einen weiteren Ausgangspunkt stellen die sich stetig wandelnden Lebensbedingungen der Kinder dar, denen die Offene Arbeit Rechnung tragen möchte.

Ich habe die zehn Merkmale der Verständlichkeit halber so zusammengefasst:

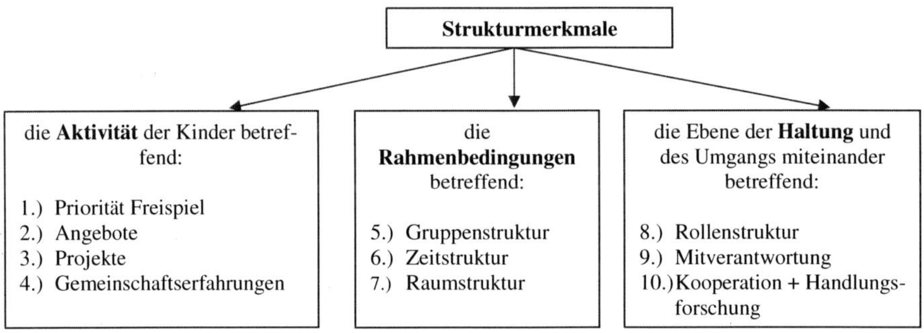

Abbildung 2: Überblick Strukturmerkmale

Nachfolgend werde ich näher auf die einzelnen Strukturmerkmale eingehen und ihre Bedeutung und grundlegenden Aspekte in der Offenen Arbeit darstellen. Ich beziehe mich dabei vor allem auf Regel/Kühne.[22]

1.) Dem **Freispiel** kommt in der Offenen Arbeit eine besondere Bedeutung zu. Spielen ist die Haupttätigkeit von Kindern, mehr noch:

> „Auf der Entwicklungsstufe des Kindes besteht die Bestimmung und Erfüllung der menschlichen Existenz im Spielen.“[23]

Und das zu Recht, denn im Spiel erwirbt das Kind soziale Kompetenzen sowie motorische, sprachliche und geistige Fähigkeiten. Es erschließt sich spielend seine Umwelt und unterschiedlichste Ausdrucksmöglichkeiten.

---

[22] vgl. Regel/Kühne 2001, S. 38-50
[23] Ministerium für Kultus und Sport 1981, S. 17

Im Offenen Kindergarten sollen den vier Freiheiten des Spiels deshalb konsequent Beachtung geschenkt werden: In der Freispielphase wählen die Kinder dem Namen gemäß frei **wo, womit & was, mit wem** und **wie lange** sie spielen möchten. Die Erzieherin unterstützt dies durch eine entsprechend vorbereitete Umgebung. Sie stellt Materialien und Spielutensilien so zur Verfügung, dass sie den Kindern frei zugänglich sind und Aufforderungscharakter haben. Sie schafft Spielnischen und Rückzugsmöglichkeiten, damit die Kinder in frei gewählten Kleingruppen ungestört vom Spiel anderer tätig sein können.
Im Freispiel ordnet sich die Erzieherin den Kindern zu. Sie lässt sich – wenn von den Kindern gewünscht – auf Spielideen ein oder hilft Kindern, ins Spiel zu finden. Sie beobachtet die Entwicklung des einzelnen Kindes, greift eventuell von den Kindern signalisierte Themen und Förderbedürfnisse auf, die sie in ihre späteren Planungen einfließen lässt und erfüllt nicht zuletzt Aufsichtspflichten.

Das Freispiel beinhaltet aufgrund der eingangs genannten vier Freiheiten ein großes Selbstgestaltungspotential für die Kinder und sollte deshalb den größten Raum im zeitlichen Ablauf einnehmen. Zu beachten sind vor allem diese Gesichtspunkte:

- ⇨ Unterbrechungen sollten sinnvoll und so wenig wie möglich sein.
- ⇨ Zur freien Wahl des Spielortes gehört auch das Spiel im Freien.
- ⇨ Ungestörtes, unbeobachtetes Spiel gehört zur Kinderkultur; deshalb gilt: Pädagogik vor Aufsichtspflicht. Wichtig sind Rufnähe und regelmäßiger Sichtkontakt.

2.) **Angebote** dienen primär der Erweiterung der Spielmöglichkeiten der Kinder: Es werden Grundlagen im Umgang mit Spielsachen und Materialien für das Spiel drinnen und draußen vermittelt, dem situationsorientierten Ansatz entsprechend Themen der Kinder aufgegriffen sowie Lieder, Geschichten und Tänze nahe gebracht. Die Kinder können neue Kreativtechniken und Spielformen kennen lernen, die sie später wieder im Freispiel befähigen, eigene Spielideen umzusetzen.

Angebote sollten ihrem Namen gemäß freiwillig sein – die Kinder entscheiden sich für ein Angebot nicht nur nach dem Lerninteresse, sondern auch dem Wunsch nach Zusammensein mit bestimmten Kindern oder Erwachsenen folgend.

Abbildung 3: Angebote im Offenen Kindergarten.
Entnommen aus: Entdeckungskiste 1/2 1998

3.) **Projekte** sollen einen Anreiz und Herausforderung für neues Lernen bieten. Im Offenen Kindergarten werden Projekte mit den Kindern – differenziert nach ihrem Alter – gemeinsam geplant und durchgeführt.

In Projekten sollen aktive Lernformen wie Beobachten, Untersuchen, Experimentieren, Erfahren, Interviewen, Diskutieren und Reflektieren im Vordergrund stehen – ein echtes Projekt geht daher immer von einer bestimmten, von der Situation und Interessenlage der Kinder geprägten Fragestellung aus und ist offen in seinem Verlauf und Ausgang.

Projekte erstrecken sich meist über einige Tage oder Wochen – können aber auch ein ganzes Kindergartenjahr oder länger andauern.
„Die Erzieherinnen übernehmen .. eine überwiegend motivierende und unterstützende Funktion, geben Ratschläge und benötigte Informationen, zeigen Optionen auf und fördern die Zusammenarbeit in Kleingruppen.“[24] Darüber hinaus ist es auch im Projekt ihre Aufgabe, eine möglichst breite Auswahl an Materialien zur Verfügung zu stellen und die Rahmenbedingungen für ungestörtes Arbeiten zu schaffen.

4.) **Gemeinschaftserfahrungen** haben wichtige Funktionen in der Entwicklung und Festigung eines Zusammengehörigkeitsgefühl.
Erfahrungen in der Gemeinschaft bieten vor allem auf feierliche Höhepunkte wie kulturelle und religiöse Feste, Jubiläen, Ausstellungen u.v.m. Daneben bieten Ausflüge, Freizeiten und Übernachtungen im Kindergarten gemeinschaftliche Höhepunkte.
Im Kindergartenalltag haben Gemeinschaftserfahrungen in Kinderkonferenzen, Morgenkreisen oder gemeinsamen Frühstück ihren Platz.

Gemeinschaftserlebnisse sollen kein Programm **für** Kinder darstellen, sondern Höhepunkte **mit** den Kindern sein – den Kindern muss deshalb die Möglichkeit geboten werden, mit zu planen, mit vorzubereiten und eigenverantwortlich Aufgaben bei der Durchführung zu übernehmen.

[24] Becker-Textor/Textor 1997, S. 86

5.) Die Frage nach der **Gruppenstruktur** steht in der Betrachtung der Offenen Arbeit oft im Vordergrund, stellt sie doch neben der Raumstruktur ein auf den ersten Blick offensichtliches Kriterium der Unterscheidung dar. Im Kindergartenalltag spielt die Form der Gruppenstruktur – wenn sie denn für die entsprechende Einrichtung zur Zufriedenheit aller geklärt ist – eine eher untergeordnete Rolle.
Unbestritten haben Menschen das Bedürfnis nach Zusammenleben in Gruppen – am wohlsten jedoch fühlen sie sich in kleineren Gruppen. Dem wird selbst in traditionellen Kindergärten mit der Unterteilung der Gruppenräume in Funktionsbereiche Rechnung getragen.

Wichtig ist, dass in Kindergärten mit und ohne Stammgruppen Formen gefunden werden, die den Gruppenbedürfnissen von Kindern **und** Erwachsenen entsprechen.

„Kinder gehen nicht beliebig Beziehungen ein, sondern wählen ihre Spielpartner mit zunehmendem Alter nach Bedürfnissen, Interessen und Sympathie aus. Sie halten sich gern in kleineren Gruppen auf, kommen aber auch in Gruppen von acht bis zwölf Kindern zurecht und finden Möglichkeiten der Selbstregulierung.“[25]

In Kindergärten, die sich für eine Beibehaltung der Stammgruppen entschieden haben, haben diese oft formale Funktionen und dienen der Orientierung für Kinder, Eltern und Erzieherinnen.
Eine alternative Form der Gruppenstruktur, die sowohl dem Bedürfnis nach Orientierung und Sicherheit, als auch dem Bedürfnis nach kleinen Gruppen entspricht, ist die Zuordnung der Kinder zur Betreuungs- oder Bezugserzieherin. Sie ist für ca. zehn bis zwölf Kinder und deren Eltern Ansprechpartnerin, erfüllt Bindungsbedürfnisse und ist für die Beobachtung der Entwicklung „ihrer“ Kinder und deren Begleitung in besonderem Maße zuständig.

[25] Regel/Kühne 2001, S. 48

6.) Eine verlässliche **Zeitstruktur** mit Ritualen und Signalen ist Bestandteil jedes Offenen Kindergartens und dient der Orientierung und Vermittlung von Sicherheit. Der leitende Grundsatz bei der Erarbeitung und Modifizierung sollte neben Flexibilität sein:

„So viel Struktur wie nötig, so wenig wie möglich!"[26]

Es gilt, die verschiedenen Phasen im Kindergartenalltag in einen sinnvollen zeitlichen Ablauf zu bringen. Neben der Tagesstruktur ist vielfach auch eine Wochen- und Jahresstruktur erkennbar. Rituale und Signale kündigen einen Übergang im Tagesablauf an und geben den einzelnen Abschnitten eine immer wiederkehrende Gestaltung.

7.) Differenziert gestaltete **Raumstrukturen** drinnen und draußen bieten eine herausfordernde Umgebung, sind gleichsam „Gelegenheitsstrukturen" für vielfältiges, intensives und auch großräumiges Spielen. Gemäß dem Grad der Öffnung von Gruppen gibt es eine Vielzahl an Ausgestaltungsvarianten. Ich möchte auf die Organisation in Funktionsräumen eingehen. Hier gibt es keine traditionellen Gruppenräume mit „Miniaturausgaben von Puppenecke, Bauecke, Kuschel- oder Leseecke".[27] Die Kinder suchen – ähnlich einer Wohnung – für bestimmte Aktivitäten entsprechend ihrer Bedürfnisse und aktueller Interessenlagen bestimmte funktionsgebundene Räume auf.

Die nachfolgend aufgezählten Räume sind Anregungen – nicht in jedem Kindergarten gibt es jeden Raum! Hier gilt wieder: Jede Einrichtung muss für sich entscheiden, wofür es Bedarf und räumliche Möglichkeiten gibt.

---

[26] Regel 1992, S. 39

[27] Dörfler 1994, S. 109

Räume für Lernen, kreatives Tun und Ausdruck:

- Kreativraum, Malraum, Atelier, Werkstatt
- Bauraum
- Musikraum
- Forscherzimmer/Lernwerkstatt
- Rollenspielraum
- Waschraum, Matschraum, Außengelände (Spiel mit Wasser, Sand, Lehm, Ton)

Räume für Bewegung:

- Bewegungsraum, Turnraum, Bewegungsbaustelle
- Eingangshalle
- Außenspielbereich

Räume für Ruhe und Entspannung:

- Ruheraum
- Raum für Sinneserfahrungen
- Ruhebereich im Außengelände

Räume für gemeinschaftliches Tun und Beisammensein:

- Begegnung / Treffpunkt/Wohnzimmer
- Spielezimmer (Regelspiele, Puzzle…)
- Kindercafé, Kinderrestaurant, Küche
- Bücherei
- Empfangsbereich

Erzieherinnen bemühen sich in der Offenen Arbeit nicht nur um eine interessante Umgebung für die Kinder, sondern beobachten auch, wie die Kinder damit zurechtkommen – die Auseinandersetzung mit Über- und Unterforderung wird so zur besonderen pädagogischen Aufgabe.[28]

---

[28] vgl. Regel/Kühne 2001, S. 30

8.) Die **Rollenstruktur** und das Selbstverständnis der Mitarbeiter ergeben sich aus dem anthropologischen Menschenbild vom Kind als Selbstgestalter seiner Entwicklung.

Die Erzieherinnen verstehen sich als Begleiterinnen: Sie sind mit den Kindern auf dem Weg ihrer Entwicklung, sie begleiten, schützen, unterstützen, setzen Grenzen, erwidern Bindungswünsche, kommunizieren und feiern mit ihnen, lassen Kinder mitbestimmen und mitwirken und eröffnen ihnen neue Lern- und Bildungsmöglichkeiten.

Sie nehmen jedes Kind so an, wie es ist, sehen seine Stärken und fördern es auf dem jeweiligen Entwicklungsniveau. Sie sind sich dessen bewusst, dass die Entwicklungschancen der Kinder auch davon abhängig sind, wie einfühlsam, gewährend, konsequent, umsichtig, anregend, vielseitig sowie herausfordernd sie ihre pädagogische Arbeit gestalten.[29]
Zum Selbstverständnis der Erzieherinnen in der Offenen Arbeit gehört außerdem, selbst auf dem Weg zu sein, sich als Selbstgestalterinnen ihrer Pädagogik zu sehen. Sie bilden eine lernende Organisation, die ein eigenes Profil entwickelt und hierüber im ständigen Prozess bleibt.[30]

9.) **Mitverantwortung und Mitwirkung** im sozialen Gefüge Kindergarten entspricht den anthropologischen Grundannahmen von Autonomie, Selbstorganisation und Selbstbestimmung und soll den Kindern ermöglichen, bei der Strukturierung und inhaltlichen Gestaltung alltäglicher Abläufe im Kindergarten mitzuwirken – in einem Kindergarten als ein Ort erfahrbarer Demokratie. Diese Partizipation meint sowohl die gemeinsame Erarbeitung von Regeln für das Zusammenleben und den Umgang mit den gemeinsamen Spielsachen, als auch die Mitsprache bei Planung und Organisation von Angeboten, Projekten und Gemeinschaftserlebnissen. Daneben meint Par-

[29] vgl. ebenda, S. 50

tizipation die Möglichkeit, Konflikte gemeinsam zu lösen und Feedbacks zu geben.[31]
Selbstverständlich umfasst Partizipation auch die Übernahme von Aufgaben im Alltag zur Organisation des gemeinschaftlichen Lebens.
In Offenen Kindergärten haben sich vielfältige Formen der Mitwirkung und Mitverantwortung entwickelt: Feedbackrunde, Schlusskreis, Vollversammlung, Plenum, Kinderrat und Kinderkonferenz seien als Beispiele genannt. Kinder haben hier die Chance, Erfahrungen des demokratischen Miteinanders zu machen und zu lernen, wie soziale Systeme durch die eigene Beteiligung gestaltet und verändert werden können.

10.) Mit dem Begriff **Kooperationsstruktur** sind Formen der Zusammenarbeit im Team gemeint, die es ermöglichen, durch selbstkritische Reflexion, konstruktive Auseinandersetzung, offene Kommunikation und kontinuierlichen Austausch nicht nur den pädagogischen Alltag im Kindergarten für die bestmögliche Entwicklung der Kinder zu gewährleisten, sondern auch sich als Team zu festigen und weiter zu entwickeln.
Bewährte Formen der Kooperation sind tägliche und wöchentliche Besprechungen, Supervision, Teamtage, Fortbildungen, Themenabende und pädagogischer Tisch. Nicht zu vergessen gehören zur Festigung eines Teams auch gesellige Gemeinschaftserlebnisse.

Handlungsforschung umreißt die Suche der lernenden Erwachsenen nach befriedigenden Lösungen für auftretende Praxisprobleme. Es ist der schrittweise, praktische Weg zur Bewältigung von pädagogischen Fragen und Problemen.

Regel/Kühne legen der Handlungsforschung folgendes Schema zu Grunde:

[30] vgl. Regel/Kühne 2001, S. 31
[31] vgl. ebenda, S. 25f

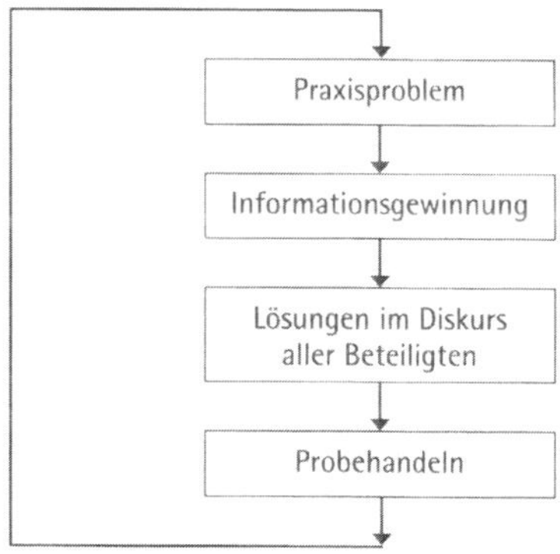

Abbildung 4: Schema Handlungsforschung.
Entnommen aus: Regel/Kühne 2001, S. 15

Das Methodenkonzept der Handlungsforschung entstand als Notwendigkeit im Zuge der Entwicklung der Offenen Arbeit im Kindergarten: Erzieherinnen mussten sich immer wieder neuen Praxisfragen stellen, eigene Lösungen finden und erproben und diese auch fundiert begründen.

Handlungsforschung bezieht sich immer auf konkrete Situationen und hat den Charakter des Vorläufigen – erst die Umsetzung zeigt, ob die Entscheidungen richtig und sinnvoll waren oder nicht.[32]

2. Bedenken gegen das Konzept

Nicht alle sind dem Konzept der Offenen Arbeit im Kindergarten von Anfang an freundlich gesinnt. Was Wunder, wenn selbst in Fachkreisen seit Jahren ein erbitterter Wort-Krieg um das Für und Wider des Offenen Konzeptes geführt wird. Im Folgenden werde ich kurz die Einwände gegen die Offene Arbeit aufführen, die bei Trägern, Eltern sowie Erzieherinnen aus Ängsten, Unkenntnis oder mangelnder Transparenz heraus entstehen.

[32] vgl. Regel/Kühne 2001, S. 16

2.1. Bedenken des Trägers

Die Bedenken des Trägers begründen sich aus seinen hoheitlichen und verwaltungstechnischen Aufgaben und Verantwortlichkeiten. Zunächst stellt sich für ihn die Frage, welche Kosten ihm durch die Umstrukturierung der Räume entstehen. Dadurch werden zusätzliche Bereiche geschaffen, die einerseits gestaltet werden wollen, andererseits möglicherweise aber auch gesichert werden müssen: Treppen und uneinsichtige Eingänge können neue Gefahrenherde darstellen.
Ein weiterer Einwand des Trägers bezieht sich auf die Möglichkeiten zur Kontrolle des Personals: Im Offenen Kindergarten sind für ihn Arbeitszeiten, Hierarchien, Arbeitsschwerpunkte und Ansprechpartnerinnen nicht mehr wie gewohnt ersichtlich.[33]

2.2. Bedenken der Eltern

Eltern setzen den Begriff Offener Kindergarten häufig mit dem Verlust des ‚sicheren' Rahmens gleich und fürchten, dass ihre Kinder dort keine festen Bezugspunkte und –personen haben. Die Verteilung der Zuständigkeiten ist für Eltern oft nur schwer erkennbar. Darüber hinaus unterstellen Eltern der Offenen Arbeit, dass ihr Kind dabei

- nicht richtig wahrgenommen wird,
- zu wenig Geborgenheit erfährt und
- nicht ausreichend auf die Schule vorbereitet wird.

Kinder, denen im Alltag im Offenen Kindergarten Entscheidungen, Eigenständigkeit und Aktivität zugetraut und abverlangt werden, werden in ihrer Persönlichkeitsstruktur selbstbewusster und eigenwilliger. Gerade damit können Eltern, die selbst eine herkömmliche, eher lenkende Erziehung erfahren haben, teilweise schwer umgehen.

---

33 vgl. Keller 1998, S. 17

Besonders bei der Auflösung der Stammgruppen fürchten Eltern, dass Beziehungslosigkeit gefördert wird und der Kindergarten zu einem Ort der Beliebigkeit verfällt.[34]

2.3. Bedenken der Erzieherinnen

Die Bedenken des pädagogischen Personals im Zusammenhang mit der Offenen Arbeit gehen vor allem in zwei Richtungen:
Zunächst sind es praktische, mit der Arbeitsrealität verbundene Aspekte wie Aufsichtspflicht und Überblick sowie die Organisation des Personals und der Räume. Die meisten Ängste der Erzieherinnen aber entstehen auf einer anderen Ebene – es geht um offene Konkurrenz innerhalb des Teams, um Macht und Kontrolle. Erzieherinnen, die ihre Gruppen öffnen, machen den Weg für die Kinder frei, sich Spielpartner, Spielort und Bezugsperson nach eigenen Ansprüchen zu wählen. Das bedeutet für die Erzieherinnen, sich dem offenen Vergleich zu stellen, Unterschiede zu akzeptieren und Entscheidungen auszuhalten.[35]

2.4. Umgang mit Widerständen und Reaktionen in der Praxis

Wie oben beschrieben, wird dem Konzept der Offenen Arbeit mit vielerlei Bedenken entgegen getreten. Das ist in der Praxis nicht anders als in der Theorie. In meinen Interviews zählten die Leiterinnen eine Vielzahl von Ängsten von Seiten der Eltern auf, mit denen sie sich auseinandersetzen mussten.

In mehretagigen Häusern waren es zunächst ganz praktische Sorgen der Eltern um das körperliche Wohl ihrer Kinder: *„Die Treppe! Immer im Haus hoch und runter – da könnten sie stürzen! Es ist nie was passiert. Jetzt ist es ok!"*
Die Eltern waren sowohl um das körperliche als auch um das seelische Wohl ihrer Kinder besorgt, genauso um die Entwicklung ihrer Kinder. Die meisten dieser Ängste entsprangen der diffusen Vorstellung der Eltern vom Offenen Kindergarten:

---

[34] vgl. Keller 1998, S. 16ff und Regel/Kühne 2001, S. 33ff
[35] vgl. Keller 1998, S. 16ff

„Es ist scheinbar sehr schwierig, neuen Eltern zu vermitteln, dass hier zwar ein ständiges Kommen und Gehen ist und irgendwo immer irgendwer spielt ..., dass das aber alles nach Regeln abläuft, dass hier kein Chaos herrscht."
Und so fürchteten sie, dass ihre Kinder *„untergehen", „verloren gehen"* oder gar *„weglaufen"*; dass sie *„keine Nestwärme bekommen", „nichts lernen", „nicht gefördert werden", „nicht ins Spiel finden"* – kurz: dass sich *„niemand um sie kümmert"*.

Hinzu kommt, dass viele Eltern selbst anfangs Schwierigkeiten hatten, sich im Offenen Kindergarten zu orientieren. Sie waren unsicher ob des Verlustes oder Fehlens gewohnter Raum- und Organisationsstrukturen: *„Die Mütter hatten Schwierigkeiten, den fremden Raum zu betreten – obwohl das ihre Kinder waren, die da drin waren!"*

Trotz aller Ängste – in zwei der interviewten Kindergärten konnten die Leiterinnen von Anfang an positive Reaktionen beobachten: *„Die Eltern fanden es ganz arg schön – die haben sich unheimlich gefreut und nehmen das Offene Konzept auch für sich mit an: Die sitzen gern hier."*

Andere Eltern brauchten vor allem Zeit, um die Offene Arbeit als Chance für ihre Kinder zu erkennen und ihre Bedenken abzulegen – Zeit, Verständnis und Orientierungshilfen. Ein wichtiges Mittel sind in erster Linie natürlich Gespräche: *„Wir haben sehr viele Gespräche mit Eltern geführt, auch viel zwischen Tür und Angel, also dass die Eltern auch einfach merken, wir nehmen ihr Kind wahr."* – *„So haben wir dann in den Gruppen Elternforen durchgeführt, um auszutauschen: Wie geht es ihnen jetzt mit der Öffnung? So wurde*[n] [sie] *nach und nach zufriedener und ruhiger."*
Ein anderer Kindergarten ging diesen Weg: *„Wir haben sie auch eingeladen: Sie können gerne mal einen Vormittag da bleiben und zuschauen, um die Ängste abzubauen."*

Hilfreich sind darüber hinaus klare Strukturen und Orientierungsmittel, z.B. *„diese Tafeln im Eingangsbereich, wo man schauen kann, wo ist welche Erzieherin heute?“*.
Besonders gute Resonanz finden auch Elternabende, bei denen den Eltern die Möglichkeit gegeben wird, selbst den Alltag ihres Kindes in der Offenen Arbeit nachzuempfinden. Dabei können die Eltern Gemeinschaftserfahrungen (z.B. ein Morgenkreis mit Liedern und Kreisspielen) erleben, aus kleinen Angeboten wählen oder im Freispiel in Kleingruppen ins Spiel (und: in Gespräche mit anderen Eltern) finden!

In großen Häusern ist es für die Eltern wichtig, zu wissen, welche Erzieherin für ihr Kind in besonderem Maße zuständig ist, wen sie bei welchen Fragen ansprechen können. Ein Kindergarten hat hier mit der Struktur der Bezugsgruppen gute Erfahrungen machen können: *„Was bei den Eltern sehr gut ankam, war die Bezugserzieherin. Das hat den Eltern sehr viel Sicherheit gegeben, dass sie wussten: Die ist für mich zuständig und die ist für mein Kind zuständig!“*

„Jetzt gehen sie viel lockerer damit um – es gibt inzwischen viele Eltern, die sehr begeistert sind!“ resümierte eine Leiterin im Interview und ergänzt ganz realistisch: *„Es gibt natürlich auch immer Eltern, die das Konzept nicht toll finden – aber ich denke, das ist auch ... normal, das ist bei jedem Konzept so. Ich hab nicht das Konzept, das für alle Eltern und alle Kinder 100% richtig und sicher ist, egal wie ich arbeite.“*

Bei all den Ängsten der Eltern um das Wohl ihrer Kinder – wie gehen die Kinder selbst mit den neuen Freiheiten und Möglichkeiten um? Die einhellige Meinung aller Interviewten dazu war: *„Die Kinder fanden es super – die können sehr gut damit umgehen!“*
Schwer fällt es nur den Kindern, die sehr ruhig sind, oder solchen, die über das Ziel hinaus schießen: *„Die haben das Gefühl: Hier geht alles! Hier darf man machen, was man will! – So ist es natürlich nicht.“* Das sind oft Kinder, die aus Kindergärten überwechseln, in denen es *„sehr stringent“* zugeht. Gerade für diese Kinder

sind klare Regeln und Strukturen notwendig, um sich in das neue System *„reinzufinden"*. Die erstgenannte Art der Kinder, die zurückhaltenden und jüngeren, brauchten die Unterstützung der Erzieherinnen auf andere Art: Sie brauchen Zeit, Toleranz, Geduld und vor allem das Vorbild der Erzieherinnen:

- *„Ich denke, die Kinder brauchen halt unterschiedlich viel Zeit, es rennt halt nicht jeder gleich drauf los – und das finde ich auch ganz gut!"*
- *„Dieser Druck von den Eltern: Jetzt sag gleich früh – in welchen Raum willst du? Da waren die Kinder überfordert. ... Da habe ich gesagt: Lassen Sie doch das Kind erst mal ankommen, lassen Sie ihm Zeit und bringen Sie es in unsere Nähe - eine Weile gucken und beobachten, es findet dann schon ins Spiel!"*

Diese Anfangsunsicherheit der Kinder erlebte eine Leiterin als Folge der Unsicherheit einiger Erzieherinnen mit dem neuen Konzept. Sie schätzt selbstkritisch ein: *„Diese Unsicherheit war so ein Wechselspiel zwischen den Erzieherinnen und den Kindern. Das hat sich so gegenseitig geflochten, das Ganze. Als wir die Sicherheit mehr und mehr bekamen, ... dann wurden auch die Kinder wieder ruhiger."*

Damit bin ich bei den Bedenken des pädagogischen Personals. Wie in Kapitel 2.3. beschrieben, entstehen die Ängste der Erzieherinnen auf zwei ganz unterschiedlichen Ebenen. Diese theoretischen Darlegungen sehe ich durch die Ergebnisse meiner Interviews bestätigt: Auch in den von mir interviewten Einrichtungen waren die hauptsächlichen Bedenken der Erzieherinnen einerseits durch die Themen Aufsichtspflicht und Organisation, andererseits durch das Thema der persönlichen Konkurrenz geprägt.

Schauen wir genauer hin: Die Frage der Aufsichtspflicht ist ein Thema, dass wohl Jeden beschäftigt, der für Kinder Verantwortung trägt. Die fehlende Erfahrung mit dem Konzept der Offenen Arbeit bringt die Ängste diesbezüglich ganz deutlich zu Tage: *„Weil die Vorstellung für die Kolleginnen, Türen offen zu lassen, ganz arg schwierig war: Wenn da einer raus geht!"* – *„Kuschelecke – und die auch noch abhängen? Um Gottes willen: Da habe ich keinen Einblick mehr!"*

Der Gedanke, auf einmal für die Kinder einer ganzen Einrichtung genauso verantwortlich zu sein, wie vorher für die überschaubare Anzahl von etwa 25 Kindern, ist für viele Erzieherinnen mit großen Ängsten verbunden. Natürlich sieht die Realität so nicht aus, vielmehr trägt ein ganzes Team die Verantwortung für alle Kinder.
So tief diese Ängste auch wurzeln – sie lassen sich vergleichsweise leicht abbauen, wenn Erzieherinnen sich ernst genommen fühlen, wenn sie Hilfe und Zeit bekommen: *„Als sie dann merkten, sie haben Unterstützung – auch rechtlich, sie können sich getrauen, da kam das so langsam.“*

Viel mühsamer sind wohl die Bedenken auf der zweitgenannten Ebene auszuräumen – und das liegt vor allem daran, dass ein Großteil dieser Bedenken gar nicht offen auf den Tisch kommt, nichtsdestotrotz unter der Oberfläche stetig gärt. Diese Angst der offenen, bisher nicht da gewesenen Konkurrenz lässt sich wohl bildhaft so darstellen: Stell dir vor, du bist Erzieherin in einem Funktionsraum – und keiner kommt!
Wenn es um die Verteilung der Kinder im Haus geht, regelt sich in der Praxis jedoch Angebot und Nachfrage ganz von selbst: *„Dass bei der einen Kollegin mehr Kinder sind, als bei der anderen, das gibt es schon mal, aber das gleicht sich auch wieder aus. Und da kann auch jeder ganz gut mit umgehen.“*

Schwieriger wird es, wenn es um die besonderen Fähigkeiten der Einzelnen geht: *„Die Frage wäre noch – was geschieht im Hinblick auf die Konkurrenzsituation, wenn wir die Angebote für alle offen machen?“* Hinzu kommt ein weiterer Aspekt: In der Offenen Arbeit muss man sich selbst nicht nur an den Kolleginnen messen lassen, viel mehr als früher wird die eigene Arbeit auch für die Eltern transparent, denn nichts geschieht wirklich wie früher hinter geschlossenen Türen: *„Das ist auch ein Prozess gewesen: Eltern reinlassen!“*
Und noch schwieriger wird es, wenn es um persönliche Sympathien und Antipathien geht. Klar ist: auch Erzieherinnen sind nur Menschen – nach wie vor ist es jedoch nicht besonders populär, wenn eine Erzieherin offen dazu steht, dass sie e-

ben nicht pauschal „alle Kinder lieben" kann. Doch wie ist es mit der umgekehrten Perspektive? *„Ich denke, dass Einzelne im Team schon Probleme haben, wenn sich heraus kristallisiert, dass einzelne Kinder zu einer anderen als der* [Erzieherin], *die ja eigentlich mal so zugeteilt war, einen besseren Draht finden. Ich glaube schon, dass die Kolleginnen so etwas unterschiedlich gut verarbeiten."*

In Teams, die ihr Konzept auf die Offene Arbeit umstellen, kann der Prozess, in denen diese Bedenken der Erzieherinnen Thema sind, sehr intensiv sein und sehr lange dauern: *„Also der Anfang war immer da, aber die Bedenken, ein großes Haus zu öffnen, waren immer größer. Viele Ängste und offene Fragen spielten da eine Rolle, die das Ganze gebremst haben."*

Wie aber gingen die von mir interviewten Teams nun mit diesen eigenen Befürchtungen um? Im Grunde ähnlich wie mit den Bedenken der Eltern! Gespräche, kleine Schritte – immer nur so weit, wie es sich alle gut vorstellen können! *„Ich hab dann in vielen Gesprächen und vielen Beratungen ... Kleinarbeit und Feinarbeit geleistet, um das nach und nach durchzusetzen." – „Zuerst saßen wir ja nur mit den Bauplänen da. ... Dann ist es konkreter geworden und da sind dann auch die Ängste gegangen!"*

Auf den ersten Blick einfacher haben es da wohl die Teams in einem neuen, als Offenes Haus konzipierten Kindergarten. Hier bewerben sich die Erzieherinnen bewusst auf die Arbeit nach diesem Konzept. Aber selbst heute, nach fast 20 Jahren des Bestehens der Offenen Konzeption gibt es offenbar wenige Erzieherinnen, die Erfahrung darin haben. So war es im konkreten Fall der beiden von mir interviewten Kindergärten, die von Anfang an als Offener Kindergarten gedacht waren: *„Es waren alle sehr interessiert und sehr motiviert, sie haben sich bewusst darauf beworben – aber es waren wenig, die schon so gearbeitet haben."*

Alle guten Vorsätze und bewussten Entscheidungen hin oder her – ob man in der Praxis mit gutem Gefühl und aus tiefer Überzeugung Ja zum Offenen Konzept und seinem Alltag sagen kann, muss wohl jeder für sich selbst entscheiden. Doch wie will man wissen, wie man persönlich mit einem Konzept zurecht kommt, wenn man es nicht selbst gelebt hat? Eine Leiterin gibt schließlich einen ganz praktischen Tipp, wie man den Ängsten der Erzieherinnen begegnen könnte: *„Vorleben und einfach ausprobieren!“*

3. Vor- und Nachteile der Offenen Arbeit

Bei den Antworten auf die Frage, welche Vor- und Nachteile die interviewten Leiterinnen in der Offenen Arbeit sehen, überwiegen trotz aller Hindernisse und Schwierigkeiten deutlich die positiven Äußerungen – und das gilt für alle Beteiligten: für die Kinder ebenso wie für Eltern, für Erzieherinnen und ihre Teamarbeit, für den Kindergartenalltag im Allgemeinen, ja, selbst für den Träger werden Vorteile genannt.

„Nachteile? Ich bin gottfroh, dass es so ist!“ oder *„Nachteile wüsste ich überhaupt keine – außer dass, wenn man mal neue Kinder hat: Bis die die Regeln kennen, kann es sein, man läuft mal durch's Haus und sucht sein Kind.“* Das waren die spontansten Antworten auf die Frage nach den negativen Seiten der Offenen Arbeit. Die Nachteile, die dennoch genannt wurden, beziehen sich hauptsächlich auf verbliebene Bedenken der Erzieherinnen: *„Manchmal habe ich das Gefühl: Jetzt sind so viele Kinder im Haus – wird man allen noch gerecht? Das kann ich an nichts Konkretem festmachen, aber das ist manchmal einfach so ein Gefühl.“*
Die Angst, *„nicht mehr diese Überschaubarkeit über alle Kinder zu haben“*, führt im Alltag oft dazu, dass die Erzieherinnen gemeinsam mit den Kindern Strukturen entwickeln, die allen Orientierung und Sicherheit geben – wie feste Treffs oder auch Listen über die Anwesenheit. In Kapitel 5.4.5. werde ich noch näher auf solche Orientierungshilfen eingehen.

Eine Leiterin gibt schließlich einen Aspekt zu bedenken, dessen Vor- und Nachteile wohl jeder für sich abwägen muss: *„Vorteil finde ich .. bei verhaltensauffälligen Kindern, ... dass es sich nicht auf eine Kollegin konzentriert, sondern dass alle mit-*

tragen – das entkrampft die Situation etwas. Nachteil ist aber gerade bei diesen Kindern, dass sie sehr viel Struktur brauchen und dass es für diese Kinder sicher schwierig ist: So ein großes Haus, so viele Möglichkeiten, so viele Kolleginnen, so viele Kinder einzuschätzen und zu überschauen!"

Welche Vorteile werden nun von den Leiterinnen in der Offenen Arbeit gesehen? Fangen wir mit den positiven Aspekten für die **Kinder** an, schließlich sind sie es ja, für deren optimale Entwicklungschancen das Konzept entwickelt wurde:
Zunächst einmal ist es der Einfluss auf die Persönlichkeitsentwicklung der Kinder: *„Die Kinder werden sehr selbstständig. Damit kriegen sie auch ein besseres Selbstbewusstsein."*

„Vorher in der festen Gruppe waren sie schon mehr umsorgt, so das Gluckenhafte. Jetzt sind sie schon öfter mal auf sich selber gestellt – auch bei Konflikten. Das ist gut so!" Diese Aussage weist darauf hin: Die Zunahme an Selbstbewusstsein und Selbstständigkeit fußt nicht zuletzt auf der Zunahme von sozialen Kompetenzen, für deren Erprobung der Alltag im Offenen Kindergarten vielfältige Gelegenheiten bietet. Gerade der Umgang mit Konflikten ist da ein großes Thema: *„Am Anfang sind sie nur angerannt gekommen und haben gepetzt – wegen jeder Kleinigkeit! ... Inzwischen handeln sie viel untereinander aus. ... Das bekommt man mit einem Ohr mit, aber oft hört man einfach nur zu und kann dann wieder gehen."*

Im Offenen Kindergarten treffen in den Funktionsräumen Kinder mit gleichen Interessenslagen aufeinander – und so kommt es, dass sie sich in ihren unterschiedlichsten Tätigkeiten nicht so sehr gegenseitig in die Quere kommen: *„Es gibt auch weniger Konflikte unter den Kindern, weil die sich weniger stören. ... Auch mit dem Geräuschpegel: Im Bauzimmer, die Kinder stört der Geräuschpegel nicht, aber die, die dann ein Buch angucken wollen oder die, die in Ruhe etwas malen wollen – aber so stören sie sich viel weniger untereinander. Das ist einfach Klasse!"*

Aus den Schilderungen könnte man hier den Schluss ziehen, dass der Eindruck, die Kinder könnten besser mit Konflikten umgehen, nur dadurch entsteht, dass sie sich aufgrund der räumlichen Entzerrung weniger stören. Das wäre meines Erachtens ein Trugschluss, denn tatsächlich sind die Kinder durch ihre erweiterten Spielmöglichkeiten und Freiräume im Alltag darauf angewiesen, Konflikte überwiegend selbst zu regeln, Interessen gegeneinander abzuwägen. Jede Erzieherin kann wohl ein Lied davon singen, wie sich in traditionellen Gruppenräumen einfach durch die vielen unterschiedlichen Spielformen der Kinder in einem Raum im Laufe des Tages die kleinen und großen Konflikte häufen und sich schließlich in einer angespannten Atmosphäre sammeln. Wirkliche Konfliktlösungen sind dann kaum mehr möglich, die Erzieherin hat hier oft nur noch eine Schiedsrichterfunktion. Wie kann man aber Konfliktlösung besser lernen, als anhand einer überschaubaren Anzahl an Konflikten in durch Entzerrung entspannten Konfliktsituationen?

Das Spiel nimmt im Offenen Kindergarten aufgrund seiner Bedeutung (siehe Kapitel 1.4.) den größten Raum ein: Die Kinder haben hier die Chance, gemäß dem Menschenbild der Offenen Arbeit ihren Weg der Entwicklung, ihr Tempo selbst zu bestimmen: *„Vorteile für die Kinder sind, dass sie sich selbst aussuchen können, wo sie spielen möchten: Spiele ich da, wo meine Freunde sind, oder da, wo mir das Spielmaterial am Besten gefällt, oder wo die Erzieherin ist, an der ich mich grade orientiere? – Das ist jetzt mehr möglich als früher."*

Dass dies hohe Anforderungen an die Kinder darstellt und der Unterstützung bedarf, dessen sind sich die Interviewten bewusst: *„So eine Entscheidung zu treffen, wo möchte ich hin? Und dann muss ich ja auch noch etwas dafür tun! Wenn ich das tun möchte, muss ich die Treppe hier hoch laufen, genau in das Zimmer gehen und mir die Sachen organisieren. Das ist sehr anspruchsvoll und das ist natürlich auch sehr anstrengend!"*

Die Zuständigkeit aller Erzieherinnen für alle Kinder birgt in den Augen der **Eltern** zunächst oft die Gefahr der Unübersichtlichkeit, doch bringt sie ganz klar auch Vorteile, denn nicht nur für die Kinder, auch für die Eltern besteht nun die Möglichkeit der Wahl zwischen mehreren Ansprechpartnerinnen: *„Die Eltern kennen uns nun alle – und nicht nur vom Sehen.“* – *„Für die Eltern ist die Spanne größer geworden: Ich muss mich nicht unbedingt mit einer Erzieherin auseinandersetzen, wo die Chemie eventuell nicht stimmt.“*

Für die **Erzieherin** leiten die Interviewten eine ganze Reihe von Vorteilen aus der Offenen Arbeit im Alltag ab:

- Spezialisierung: Nicht jede Erzieherin hat in allen Bereichen besondere Fähigkeiten, nicht jede Erzieherin macht alles gerne. In der Offenen Arbeit kann sie sich aus solchen Bereichen *„ein Stück weit zurückziehen, ohne ein schlechtes Gewissen zu haben.“* Eine Leiterin beschreibt dies an einem Beispiel: *„Musik ist nicht unbedingt meine Sache. Ich hab dann aber jemanden im Haus, der das kann und der das mit abdecken kann. Ich hab dafür in anderen Bereichen Kompetenzen und das ergänzt sich ganz gut.“*
- Angebotsvielfalt: Durch diese Spezialisierung und optimalere Raumnutzung können den Kindern ganz andere Möglichkeiten des Spiels als in herkömmlichen Gruppenräumen und -strukturen geboten werden. Es steht einfach eine größere Breite an Tätigkeitsformen zur Verfügung: *„Dadurch, dass die unterschiedlichen Angebote in den einzelnen Räumen sind, können wir das Angebot, was wir den Kindern bieten, höher halten. ... Das ist ein Riesenvorteil – wo könnte man sonst eine Werkbank unterbringen?“*
- Intensiverer Kontakt zu den Kindern: Entgegen aller Befürchtungen bietet der Offene Kindergarten den Erzieherinnen die Chance, *„wirklichen Kontakt“* zu allen Kindern zu pflegen. Oft sind sie in einem Raum mit einer kleineren Gruppe von Kindern tätig – und das in wechselnder Konstellation: *„Ich konnte jedes Kind in jedem Bereich einmal erleben. Das erlebt man in der Gruppe eigentlich nicht so: ... du bist nicht mittendrin!“*
- Zeit für ungestörtes Tun: In der Offenen Arbeit muss eine Erzieherin nicht ständig die unterschiedlichsten Spielformen in einem Raum koordinieren, sie kann sich ganz auf ein Spiel einlassen: *„Als Beispiel: Das Malen an der Staffelei. ...*

das während des Freispiels zu machen, wenn ich dabei parallel noch jemandem einschenken helfen soll, oder in der Bauecke ist noch ein Konflikt, den die Kinder nicht bewältigen – das ist einfach nicht zu schaffen! Bei der Offenen Arbeit kann ich mich also voll auf das einlassen, was in diesem Zimmer jetzt stattfindet – und sonst findet nichts anderes statt."

- Genau diesen Wegfall der multiplen und parallelen Zuständigkeit, dieser Zerrissenheit im Alltag, empfinden die Interviewten als große Erleichterung: *„Nicht mehr frustriert in der Gruppe mich in ich-weiß-nicht-wieviele-Teile zu zerreißen: Dort fehlte der Tee, dort sollte ich ein Spiel mitspielen, hier: ‚Fädelst du mir mal die Wolle in den Webrahmen?', dort: ‚Kannst du mir ein Bilderbuch vorlesen?' – ja, was denn noch alles?"*

Insgesamt empfinden viele Erzieherinnen die Arbeit im Offenen Kindergarten wohl als Herausforderung, jedoch stressfreier als die Arbeit in traditionellen Gruppen: *„Vom Geräuschpegel und vom Stressfaktor her ist es für die Erzieherinnen viel besser: man ist zwar allein im Zimmer - aber auch mit weniger Kindern, mit weniger Lärm und mit weniger Konflikten."*

Das neue Konzept bringt nicht nur für die einzelne Erzieherin Erleichterung – auch die Arbeit im **Team** wandelt sich, in den Augen der Interviewten klar zum Positiven hin:

- *„Man kocht nicht mehr sein Süppchen in der eigenen Gruppe und macht die Tür zu, sondern es ist ein großer Topf, wo drin gekocht wird. Ich empfinde es als Bereicherung."*
- *„Mir macht diese Zusammenarbeit im Team viel mehr Spaß, weil es mehr ineinander geht."*
- *„Die personelle Situation war damals so, dass ich ... die Arbeit überwiegend auf meinen Schultern hatte. Jetzt trägt's das ganze Team."*
- *„Jetzt ist es auch so, dass man im Vertretungsfalle anders in die Stammgruppen rein geht als früher: Wenn dann mal ein Geburtstag zu feiern war... - da fällt mir das heutzutage viel leichter, mit den Kindern umzugehen, weil die mir ganz*

arg vertraut sind. Und umgedreht genauso: da war man früher Fremde, die man einmal am Tag gesehen hat.“

- *„Die Beobachtung der Kinder kriegt auch einen anderen Blickwinkel: Wenn du jetzt nicht mehr deine Kinder so unter Beobachtung hast, beobachten es ja die anderen – und dann ist es ja wieder Teamarbeit, das zusammen zu tragen. Ich finde es sogar reichhaltiger, wenn man auch mal sagen kann: Wie siehst du das denn?“*

Das ganze Haus gewinnt offenbar durch das neue Konzept: Der Alltag trägt sich besser auf allen Schultern, die Gruppensituation ist entspannter, *„das Ganze entzerrt sich“*. Der gesamte Kindergarten wird ein Haus für Kinder, es ist *„immer irgendwie Leben im Haus“*, alles ist weitläufiger und es gibt eine *„Vielzahl von Nutzungen“* der vorhandenen Räumlichkeiten.

Ein weiterer Vorteil wird erst auf den zweiten Blick sichtbar: Wer Kindern speziellere Betätigungsmöglichkeiten bieten möchte, braucht auch speziellere Materialien – im Offenen Kindergarten ist dies möglich: *„Wir haben jetzt keinen größeren Etat für die Ausstattung, aber wir haben einfach viel mehr Möglichkeiten gehabt. Es ist einfach ein Unterschied, ob ich jetzt drei Kisten Lego anschaffen muss oder eine, ob ich drei Puppenecken anschaffe oder eine – es bleibt immer was übrig, das ich dann einfach in andere Angebote und Spielmöglichkeiten investieren kann, z.B. in Sachen fürs Forscherzimmer - wir haben z.B. ganz viele Lupen oder Magnete - oder in Bewegungsmaterialien.“*

Genau dies wird auch als Vorteil für den **Träger** gesehen – es kann den Kindern mehr geboten werden, doch es kostet nicht mehr.
Auch in anderer Hinsicht kann die Arbeit im Offenen Kindergarten für den Träger günstiger sein: In Vertretungssituationen kann ein Team es *„auf den ersten Blick besser abfangen, wenn eine Kollegin fehlt, weil es sich einfach auf mehrere Schultern verteilt.“* Doch in diesem Fall gilt es, genauer hinzuschauen, denn auf den zweiten Blick sind es vor allem die Schultern der Kinder, die eine solche Situation

tragen müssen: *„Es ist ein Zimmer weniger betreut, deshalb sind in den anderen Zimmern mehr Kinder und – die Kinder haben weniger Wahlmöglichkeiten.“*

4. Offene Arbeit im Alltag

4.1. Umsetzung in der Praxis

Der **Prozess der Öffnung** kann nicht von heute auf morgen geschehen – dafür ist es eine viel zu komplexe Aufgabe und verläuft in jedem Kindergarten anders. Was aber gibt es an Gemeinsamkeiten in diesem Prozess?

Die Ausgangssituation ist sicher in vielen Kindergärten, in denen sich das Team für eine Öffnung entscheidet, eine ähnliche: Es gibt die herkömmlichen Gruppenräume mit ihren Funktionsbereichen, jede Gruppe gestaltet ihren eigenen Alltag.

Oft gibt es eine gemeinsame Rahmenplanung im Haus, sicher werden gemeinsame Feste gefeiert und das Außengelände zusammen genutzt, eventuell werden gruppenübergreifend Projekte durchgeführt. Und dann beginnt ein Prozess, dessen Anfang oft nicht mehr genau bestimmt werden kann: *„Dann kamen die Kinder manchmal und sagten, sie würden gerne einander besuchen. Früher kam da ein striktes: ‚Nein, das geht nicht!‘ – ja, und dann kam das so schleichend: Wenn du dich abmeldest und da drüben fragst... Dann konnte die andere Erzieherin sich darauf einlassen – warum eigentlich nicht? So kam das.“*

Ein anderer oder weiterer Schritt in Richtung Öffnung ist häufig der veränderte Blick auf die räumlichen Möglichkeiten des Hauses. Es gibt Eingangshallen oder Nebenräume, die für den Alltag besser nutzbar gemacht werden sollen, etwa für Bewegung, Werken oder Musizieren.

„Dann war die Platzsituation in der einen Gruppe so, dass man gesagt hat: Wollen wir nicht mal nur die Maltische raus räumen in die Halle? Um die Tische auch aus den Räumen zu holen, damit Platz wurde. So konnten die Kinder also draußen malen. Das war auch so eine Vorstufe: Nur das Malen draußen.“ Man probiert aus, wie die Kinder mit diesen neuen Möglichkeiten und Freiheiten umgehen, trifft auch

hier Regelungen – und schon ist die gruppenübergreifende Nutzung von Räumen da.
Für einzelne Kindergärten ist damit das Maximum der derzeitigen Öffnung erreicht: *„Ganz zu öffnen ist hier einfach nicht möglich. ... Das Klientel bei uns ist einfach nicht dazu bereit. ... Die Kinder brauchen ihre Bezugspersonen, ... ihre ganz festen Regeln, ihre ganz klaren Linien - ... weil sie es daheim einfach nicht mehr haben."*

Die meisten anderen Teams haben jedoch bis dahin so viele gute Erfahrungen mit der Öffnung gemacht, so viele positive Veränderungen feststellen können, dass sie bereit sind, sich weiter auf den Weg der Öffnung zu begeben und nach neuen Möglichkeiten zu suchen. Für diese Einrichtungen kommt nun der Punkt, der für neue, offen konzipierte Häuser und auch für Kindergärten, die auf Vorgabe des Trägers ihr Konzept wandeln, den Anfang darstellt: Es steht eine Vielzahl Besprechungen an, bei denen sowohl konzeptionelle Überlegungen, aber auch der persönliche Umgang damit, die eigene Haltung zu Themen der pädagogischen Arbeit, die eigenen Ängste und Bedürfnisse der Erzieherinnen auf der Tagesordnung stehen.

Es geht darum, eine eigene Form der Offenen Arbeit zu finden – angepasst an diesen einen individuellen Kindergarten mit seinem einzigartigen Haus und den Menschen, die darin leben.

Ist eine gemeinsame Ebene als Arbeitsgrundlage gefunden, beginnt im nächsten Schritt die praktische Umsetzung: *„Dann haben wir .. mit* [der Fachberaterin[36]] *gemeinsam überlegt: Wie können wir die Räume gestalten? Es hat sich dann so langsam heraus kristallisiert."*

Bevor es allerdings an das große Umräumen geht – oder bei neuen Einrichtungen an die Eröffnung – ist das Einbeziehen der Kinder und Eltern ein wichtiger Schritt, genauso wie die gemeinsame Erarbeitung der Regeln für das Leben im Offenen

---

[36] siehe Fußnote S. 2

Haus. *„Dann haben wir echt angefangen, unsere Strukturen zu finden ... und uns auf Regeln* [zu] *einigen, diese Regeln auch noch mit den Kindern aushandeln. “*

Der **Tagesablauf** ist ähnlich wie das Konzept selbst individuell auf jeden Kindergarten abgestimmt – er ist gewachsen im Laufe der Zeit. Dennoch gibt es Gemeinsamkeiten, die Fixpunkte in fast allen Kindergärten darstellen.
Der wichtigste Teil des Tages ist, seiner Bedeutung gemäß, das Freispiel und nimmt somit auch den zeitlich größten Rahmen ein: Die Kinder kommen morgens in den Kindergarten und haben ca. zwei Stunden lang die Möglichkeit, „[zu] *entscheiden, wo sie spielen, mit wem sie spielen, was sie spielen. Das heißt nicht, die Kinder machen, was sie wollen!“* In einigen Kindergärten gehört auch der Außenspielbereich im Freispiel zu den Wahlmöglichkeiten der Kinder: *„Jetzt im Sommer können sich die Kinder aussuchen, ob sie draußen im Garten spielen möchten oder im Haus.“* Einschränkungen gibt es da – wie für einige andere Funktionsräume übrigens auch – oft nur in der Zahl der Kinder, die einen bestimmten Bereich gleichzeitig nutzen dürfen: *„Der Garten z.B. ist in der Regel im Freispiel für maximal sechs Kinder offen – ohne Erzieherin. Wir wissen aber, wer mit wem draußen ist.“*

In den zeitlichen Rahmen des Freispiels fällt das Vespern[37] – wenn es denn ein freies Vesper ist, d.h. die Kinder essen irgendwann im Laufe dieser Zeit *„je nach ihrem Hungergefühl.“* Oft gibt es dafür einen speziellen Bereich im Haus: eine Kindercafeteria, ein Kinderrestaurant oder aber Vesperecken in den einzelnen Räumen. In einigen Kindergärten finden darüber hinaus extra Kochtage oder gemeinsames Frühstück statt: Tage, an denen gemeinsam eine Mahlzeit zubereitet und gegessen wird. In einer meiner interviewten Einrichtungen wird, besonders in den dunklen Wintermonaten, das gemeinsame Vespern bevorzugt – ja, zum Ritual gemacht: *„Also mit einem Lied beginnend, das die Kinder dazu ruft, dass wir jetzt gemeinsam essen. Dann geben wir uns alle die Hände – also ein ganz klassisches Zeremoniell,*

[37] schwäbisch für Frühstück, kleine Mahlzeit

so wie früher ... . Es ist wie eine Meditation für uns alle, wo das Haus hier einfach mal wieder ruhiger wird, ... mit Kerzenlicht usw.“

Im Anschluss an die Freispielphase folgen in den meisten Kindergärten gemeinsame Aktivitäten: Die **Angebote**. In der Literatur haben diese, wie in Kapitel 1.4. bereits dargelegt, ganz bestimmte Faktoren, die ihren Charakter prägen. Das herausragendste Merkmal ist wohl – dem Namen gemäß – die Freiwilligkeit. In allen von mir interviewten Einrichtungen sind die Angebote aber verpflichtend. In einem Kindergarten werden diese zwar gruppenübergreifend durchgeführt, doch weniger mit dem Hintergrund der breiteren Wahlmöglichkeit: Die Kleingruppen werden altersgetrennt von den Erzieherinnen der jeweils enger miteinander arbeitenden Gruppen zusammen gestellt – verpflichtend sind eben die von den Erzieherinnen ausgewählten Aktivitäten nach wie vor für die Kinder: *„Jeweils das Angebot, was wir Erzieherinnen für sie ausgesucht haben für den Tag und die Gruppenzusammensetzung.“* Wirkliche Angebote mit der freien Wahl- und Entscheidungsmöglichkeit der Kinder gibt es in eben diesem Kindergarten da, wo sie nicht hingehören: Im Freispiel! (siehe Kapitel 1.4.)
In allen interviewten Einrichtungen entspricht das Angebot eher dem Charakter der früher üblichen Beschäftigung. Das Team eines Kindergartens nennt es auch so - wobei ausgerechnet dort die gemeinsamen Aktivitäten den Merkmalen von wirklichen Angeboten am ehesten nahe kommen: *„Entweder fragt man, wer mitmachen möchte, oder es werden alle Kinder auf einer Etage zusammen genommen ... oder man stellt die Gruppe vom Alter her zusammen, oder man sagt: Die Kinder haben letzte Woche dies schon mit mir gemacht, dann ist das jetzt darauf aufbauend. ... Interessen- oder altersabhängig.“*

Zwei der von mir interviewten Leiterinnen sind sich dieses Widerspruchs bewusst und bedauern, dass ihnen bis jetzt noch nicht gelungen ist, die gemeinsamen Aktivitäten in den jeweiligen Stamm- oder Bezugsgruppen in tatsächliche Angebote mit mehr Wahlmöglichkeiten umzuwandeln. In ihren Zukunftswünschen steht dies an oberer Stelle. Derzeit besteht die Wahl der Kinder im Grunde nur darin, ob sie beim

Angebot mitmachen oder nicht – im letzteren Fall müssen sie sich dann aber *„so verhalten, dass sie das Angebot nicht stören und sie müssen irgendwo sein, wo man sie auch sieht.“*

Dem Grundgedanken der Offenen Arbeit folgend, dass Kinder selbst Entwicklungstempo und –weg bestimmen, sollten wirkliche Angebote verschiedene Betätigungsformen bieten.

Selbstverständlich gibt es im Alltag immer wieder Angebotsinhalte, die alle Kinder erreichen sollen. Dann aber müsste die Wahlfreiheit des Kindes zumindest darin bestehen, auswählen zu können, wann es dieses Angebot annimmt – d.h. es sollte dann an mehreren Tagen zur Verfügung stehen.

Selbstbewusste Kinder, die in der Lage sind, solche Entscheidungen zu treffen, müssen schließlich auch die Fähigkeit erlernen, mit den Konsequenzen ihrer Entscheidung umzugehen.

Regel/Kühne zeigen auf, wie die Angebotsphase idealerweise aussehen könnte: In einem gemeinsamen Treff werden die für den jeweiligen Tag geplanten Angebote von den entsprechenden Erzieherinnen vorgestellt. Die Kinder entscheiden sich für eines und folgen der Erzieherin in den vorgesehenen (und vorbereiteten) Raum. Kinder, die keines der Angebote annehmen möchten, werden weiter im Freispiel tätig. In der Angebotsphase haben die gemeinsamen Aktivitäten Vorrang – selbstverständlich müssen sie ihr Spiel deshalb auf die nicht belegten Räume beschränken. Mindestens eine Erzieherin ist in dieser Zeit für sie da: Sie hat die Räume im Blick und „schaut immer wieder nach den Kindern, die sich in den Bereichen ohne Erwachsene aufhalten, prüft, ob es ihnen gut geht und ob sie sie vielleicht unterstützen kann.“[38]

---

[38] Regel/Kühne 2001, S. 69f

„Je nach Wetter gehen wir nach dem Angebot noch mal raus." Im Anschluss an die gemeinsame Aktivität oder den Treffpunkt, auf den ich im Kapitel 5.4.5. noch näher eingehen möchte, steht in den meisten Kindergärten das Spiel im Freien auf der Tagesordnung: *„Spätestens dann gehen alle mal .. raus."* Genau dieser tägliche Aufenthalt im Freien bei fast allen Witterungsbedingungen liegt vielen Teams am Herzen: *„Das ist ein wichtiger Aspekt in unserem Tagesablauf: Bewegung draußen."*

Nahtlos schließt sich daran bei den von mir interviewten Kindergärten die Zeit an, in der die Kinder – überwiegend flexibel in einem zeitlich vorgegebenen Rahmen – von den Eltern abgeholt werden.

Je nach Öffnungszeiten und gewählter Betreuungsform haben die Kinder die Möglichkeit, an allen oder bestimmten Nachmittagen den Kindergarten zu besuchen. Hier unterscheidet sich die Gestaltung der gemeinsamen Zeit doch erheblich. Während in einigen Einrichtungen ein Ablauf ähnlich dem des Vormittags festgelegt ist, liegt der Schwerpunkt in anderen Häusern eher auf dem Freispiel der Kinder: *„Nachmittags ist sehr viel mit Draußen sein. Der einzige feste Termin, den wir da haben, ist dienstags die Märchenstunde, die von den Kindern auch ganz arg angenommen wird."* – *„Ansonsten ist nachmittags Freispiel – nur eingeschränkter, weil eben weniger Kolleginnen da sind."* Vergleichbar in allen Kindergärten ist wohl die Tatsache, dass sich in den Nachmittagsstunden erheblich weniger Kinder im Haus aufhalten als zur Hauptbetreuungszeit am Vormittag. Viele Kinder genießen genau dies: mehr Ruhe, mehr Zeit für intensive Kontakte und Spiele.

Darüber hinaus gibt es in jedem Kindergarten individuelle Besonderheiten, die ihre festen Plätze im Wochen- oder Jahresgeschehen gefunden haben. Das sind Projekte, die über einen bestimmten Zeitraum laufen oder aber auch wiederkehrende Aktivitäten wie Bewegungs- und Turntage oder Waldtage, an denen die Kinder und die Erwachsenen gemeinsam dem Namen gemäß tätig werden.

4.2. Von der Praxis an die Praxis: Rat an andere Teams

Aus den Antworten auf die Frage: **„Was würden Sie anderen Teams als Rat mit auf den Weg geben?“** kann man vor allem ein Resümee ziehen:

Offene Arbeit erfordert Zeit und Geduld! *„Lasst euch Zeit, viel, viel Zeit! Überstürzt nichts! Ganz langsam, in kleinen Schritten vorgehen!“*

Zeit braucht man im Prozess der Öffnung in vielerlei Hinsicht, zunächst einmal in der Vorbereitungszeit auf die Arbeit nach dem Offenen Konzept für die Gespräche im Team, für Diskussionen über *„persönliche Vorstellungen und Erziehungsstile“*, für die pädagogischen Auseinandersetzungen. *„Das muss wachsen. Es muss vertraut und durchdacht sein, muss in Gesprächen und Überlegungen gemeinsam an einem Tisch ausgetüftelt werden und für jede* [Erzieherin] *dann auch ok sein!“*

Zeit braucht auch – und das ist ein weiterer Rat von den Interviewten – , von Anfang an die Eltern und ihre Ängste ernst zu nehmen: *„Man muss viel Zeit in die Überzeugungsarbeit mit den Eltern investieren! Ich denke, das ist ganz wichtig, weil es sonst als Bumerang zurückkommt. Wenn dann die Probleme erst mal da sind, kostet es viel mehr Zeit und Energie, das wieder ins Lot zu bringen, als wenn man von Vornherein die Eltern mit einbezieht.“*

Die Leiterin einer anderen Einrichtung betont ebenso diesen Punkt, ergänzt aber schließlich um einen meines Erachtens gleichfalls bedeutenden Aspekt: *„Und dann aber auch den Rat, sich dann nicht raus bringen zu lassen von den Eltern! Schon die Sorgen ernst nehmen und überlegen: Wie können wir da ein bisschen entgegenkommen oder die Eltern unterstützen? Aber sich jetzt da auch nicht völlig rausbringen lassen.“*

Viel Zeit muss nach den Erfahrungen der Interviewten für die neue Form der Zusammenarbeit eingeplant werden, weil Offene Arbeit ein Prozess ist, in dem „...

mehr Miteinander gefordert wird als früher", denn es sind „... *viel mehr Absprachen nötig und man muss sich diese Absprachen auch meistens aufheben. Es sollten ja dann auch alle wissen, es betrifft ja meistens auch alle.*"

Trotz aller Planung, Vorbereitung und Gespräche – ob die anvisierte Form der Öffnung auch wirklich die ist, mit der alle Beteiligten gut leben können, weiß man erst, wenn man es selbst erfahren hat. Darauf zielt ein weiterer Rat der Interviewten ab: *„Ausprobieren! Und offen sein, wirklich Neues auszuprobieren. Einfach mal leben! ... So ganz langsam und stückweise. Mal einen Raum als Werkraum gestalten und ausprobieren: Wie viele Kinder verträgt's? Wie vertrag ich's? Wie kann ich damit umgehen, schaff' ich es überhaupt? Erst dann funktioniert's!"*

In jedem Fall empfehlen die von mir interviewten Leiterinnen, dass die Teams sich für ihren Weg zur Offenen Arbeit Unterstützung holen – in jeder Form: von anderen Teams, von der Fachberatung, durch Literatur und Fortbildungen. Auf die Vorstellungen, die die Interviewten zur Frage nach der idealen Unterstützung äußerten, werde ich in Kapitel 5.4.4. noch näher eingehen.

In meinen Interviews erzählten die Leiterinnen offen über ihre Erfahrungen und gaben gerne Ratschläge aus ihrer Sicht weiter an Teams, die sich mit dem Gedanken tragen, ihr Konzept zu überdenken. Allen jedoch war klar:

„Natürlich muss es jede Einrichtung für sich selbst entwickeln, der Weg ist das Ziel! ... Wir haben es so gemacht – ihr müsst selber wissen, was für euch, für eure Einrichtung der bessere Weg ist. Das muss jeder selber herausfinden. So ein ganz klares Patentrezept gibt es nicht!"

5. Beeinflussende Faktoren im Prozess der Öffnung

Nach der Einführung in die theoretischen Grundlagen des Konzeptes als auch dem Blick auf die Umsetzung in den Kindergärten im Alltag werde ich nun im Einzelnen auf die Bedingungen, die den Prozess der Öffnung beeinflussen, näher eingehen und daraufhin untersuchen, inwiefern sie für das Gelingen der Umsetzung des Konzeptes in der Praxis ausschlaggebend sind.

5.1. Rahmenbedingungen

5.1.1. Der Kindergarten selbst – das Haus

- **Größe der Einrichtung**

Die offensichtlichste Rahmenbedingung ist zunächst die Größe des Hauses, aus der die Anzahl der betreuten Kinder sowie die Zahl des pädagogischen Personals folgen.

In der Literatur wird hierzu nur eine Zahl genannt: Anne Ulrich sieht die Obergrenze der zu betreuenden Kinder bei fünfzig, darüber hinaus seien „die Kinder wie auch die Erzieher in jeglicher Hinsicht überfordert.“[39] Sie zieht diese Erkenntnis aus ihren Erfahrungen – aus meinen Interviews kann ich dies nicht bestätigen. Die Teams von zwei meiner interviewten Kindergärten haben für ihre Häuser mit 72 bzw. 73 Kindern das Arbeiten in Funktionsräumen als konsequenteste Form der Offenen Arbeit gewählt – und Kinder, Eltern sowie Erzieherinnen fühlen sich damit wohl.

Regel/Kühne zeigen die Gefahr auf, dass in sehr großen Häusern keine organische Einheit entsteht und die große Anzahl von pädagogischem Personal die effektive Teamentwicklung erschwert. Die Lösung, um trotzdem die Vorteile der Offenen Arbeit zu nutzen, liegt wohl in der Bildung von Untereinheiten und Unterteams (Bereiche), die intensiver zusammen arbeiten.[40] Das Team des größten Kindergartens der interviewten Einrichtungen setzt dies um: Hier arbeiten – in wechselnder Kombination – immer zwei Gruppen enger zusammen, sowohl in ihrer Planung als auch im Alltag: *„Im Schnitt alle vier Monate wechseln dann die Gruppen, die zusammen arbeiten, so dass innerhalb eines Kindergartenjahres alle Kinder im ganzen Haus herum kommen.“*

---

[39] Ulrich 1999, S. 142
[40] vgl. Regel/Kühne 2001, S. 51

- **Architektur des Hauses**

Wird die Frage der Architektur des Kindergartens angesprochen, ist zunächst vordergründig gemeint: Ebenerdig oder mehretagig? Anne Ulrich bestimmt in ihrem Beitrag „Der offene Kindergarten – Entwicklung und Voraussetzungen“ als eine der Grundbedingungen für die Offene Arbeit, dass das Haus überschaubar und ebenerdig ist.[41] Die Praxis widerlegt dies: Selbst auf drei Etagen lässt es sich ganz vorzüglich „Offen“ leben! Ein Kindergarten zeigt dies in beeindruckender Weise. Auch in zwei weiteren Häusern wird auf zwei Etagen die Arbeit in Funktionsräumen praktiziert.

„Bei den Räumlichkeiten denke ich schon, dass sich die Häuser mehr oder weniger gut eignen.“ – sagte eine der Interviewten und spricht damit den zweiten Aspekt zur Architektur des Hauses an: Die Aufteilung und Anordnung der Räume. Ideal für die Organisationsstruktur der Offenen Arbeit wäre ein Haus mit vielen kleinen Räumen, alle von einem Eingangs- oder Flurbereich her zugänglich: *„Das Schönste zur Öffnung ist sternförmige Anordnung der Räume – so ein Zentrum, von dem die einzelnen Räume abgehen.“*

Eine solche Architektur wäre aus drei Gesichtspunkten ideal. Zunächst spielt die Erreichbarkeit der Räume für die Kinder eine große Rolle – weite Wege führen im schlechtesten Fall dazu, dass sie entfernte Räume weniger häufig nutzen: *„Die Kinder aus dem Oberstock haben mal gesagt: Es ist kilometerweit bis zur Baustelle* [gemeint ist das Bauzimmer]*! Da muss man so lange laufen!“*

Darüber hinaus geht es in Räumen, die als Durchgangszimmer zum Erreichen kleinerer Nebenräume genutzt werden müssen, sehr viel unruhiger zu – sie scheiden deshalb auch von Vornherein für bestimmte Tätigkeitsformen aus.

Last but not least ist hier der Gesichtspunkt der Aufsichtspflicht zu nennen. Bei einer solchen sternförmigen Anordnung der Räumlichkeiten müsste nicht in jedem Funktionsraum eine Erzieherin aus Gründen der Aufsicht präsent sein. Vom Zent-

[41] vgl. Ulrich 1999, S. 141

rum als Mittelpunkt des Hauses aus ist sie für alle Kinder in Rufnähe erreichbar – für viele Tätigkeitsformen der Kinder wäre das eine ausreichende Wahrnehmung der Aufsichtspflicht und ließe den Kindern gemäß dem Menschenbild des Offenen Konzeptes entsprechenden Freiraum und Selbstverantwortung.

In der Praxis ist eben eine solche wünschenswerte Anordnung und Aufgliederung der Räume wohl nur selten anzutreffen. In den meisten Kindergärten gibt es große Gruppenräume mit jeweils angegliederten kleinen Nebenräumen. Doch auch in solchen Häusern, entsprechende Kreativität vorausgesetzt, kann Offene Arbeit gelingen – die Praxis beweist es: *„Gehen tut es immer – es ist nur mehr oder weniger ideal!“*

Es gilt, zu *„schauen, was ist an Räumlichkeiten da und wie kann man sie nutzen“*.

- **Alter des Hauses**

Nun steht die Frage zur Debatte, ob ein neu erbautes, speziell konzipiertes Haus eher für die Öffnung geeignet ist als ein umgestaltetes Haus. Natürlich – wer die Möglichkeit hat, bereits in der Bauphase Einfluss auf die Anordnung und Aufteilung der Räumlichkeiten zu nehmen, sollte sich glücklich schätzen. Und doch – auch hier zeigt einer der interviewten Kindergärten, dass selbst sehr alte Häuser immer Möglichkeiten bieten, die Räume mit viel Fantasie und Liebe den Bedürfnissen der Kinder anzupassen. Jeder jedoch, der ein Haus nach seinen Wünschen umgestalten möchte, macht irgendwann die Erfahrung der Begrenztheit: *„Manchmal scheitert es dann schon so ein bisschen an den Gegebenheiten – aber ich denke, das ist überall so.“*

5.1.2. Personelle Ausstattung

Die Arbeit im Kindergarten steht und fällt mit dem Team. Die für die personelle Ausstattung von Kindertageseinrichtungen gültigen gesetzlichen Vorgaben sind für Träger seit der Aussetzung der Richtlinien in der vorletzten Fassung des baden-württembergischen Kindergartengesetzes sowie der entsprechenden Bundesgesetze nicht mehr bindend. Dennoch handeln Träger nicht im rechtsfreien Raum: Das für die Betriebserlaubnis einer Kindertageseinrichtung zuständige Landesjugendamt – der Landeswohlfahrtsverband Württemberg – orientiert sich nach wie vor an diesen Richtlinien und gibt Empfehlungen zur personellen Besetzung der verschiedenen Betriebsformen von Kindertageseinrichtungen. Der Träger meiner interviewten Einrichtungen hat sich darüber hinaus in einem Gemeinderatsbeschluss dazu verpflichtet, die ausgesetzten gesetzlichen Richtlinien weiterhin als für sich bindend anzuerkennen. Demzufolge sieht der entsprechende Personalschlüssel die Besetzung einer Gruppe in den interviewten Einrichtungen mit 1,5 Fachkräften in der Hauptbetreuungszeit[42], bei besonderen Anforderungen mit zwei Fachkräften vor. Solche besonderen Anforderungen können begründet sein durch Kinder mit erhöhtem Förderungsbedarf oder auch Einrichtungen mit nur einer Gruppe – hier kann logischer Weise kein Team kritische Situationen sowie Engpässe durch Urlaub und Krankheit tragen.

Zusätzliches Personal wie Integrations- oder Sprachhelferinnen u.a. können weiterhin besondere Förderbedürfnisse auffangen.

Die Anzahl der pädagogischen Mitarbeiterinnen ist also in allen der interviewten Kindergärten proportional gleich gemäß der Anzahl der Kinder in der Einrichtung. Im Alltag erschweren personelle Engpässe durch Krankheit und Vertretungssituationen bei Urlaub und Fortbildung die Arbeit im Kindergarten dennoch oft. Wie in Kapitel 3. angesprochen, lassen sich solche Engpässe auf den ersten Blick besser auffangen, wenn – wie in Offenen Kindergärten – das gesamte Team die zusätzliche Last trägt. Doch wie dort aufgezeigt nur auf den ersten Blick – außerdem können solche besonderen Belastungen in Zeiten der konzeptionellen Umgestaltung zum Fallstrick werden: *„Wenn da Kolleginnen durch Krankheit ausfallen und dann diese Zeit ... abgedeckt werden muss – das hat uns oft an unsere Grenzen gebracht.“*

---

[42] gemeint ist das Zeitfenster, in dem mehr als 50% der Kinder einer Gruppe anwesend sind

Ähnliches gilt für Teilzeitkräfte: Natürlich gehören gerade in Kindertageseinrichtungen viele Frauen zum pädagogischen Personal, zu deren Alltag es gehört, Familie und Beruf in Einklang zu bringen. Sie sind deshalb nur in Teilzeit berufstätig. Für das Team bedeutet eine große Anzahl von Teilzeitkräften andererseits ein erhöhtes Maß an Organisation. Aufgrund der geringeren Stundenzahl ist es Teilzeit-Mitarbeiterinnen beispielsweise nicht möglich, an allen Besprechungen selbstverständlich teilzunehmen. Gerade die Offene Arbeit erfordert jedoch intensive Absprachen untereinander und regelmäßige Gespräche im Team.

Fazit

Die architektonischen Gegebenheiten des Hauses und die personelle Besetzung des Kindergartens bilden die Rahmenbedingungen für die Arbeit jedes Kindergartens – das jeweilige pädagogische Konzept bestimmt die Nutzung dieser Rahmenbedingungen entsprechend der anvisierten Ziele.
Die räumliche Trennung von unterschiedlichen Betätigungsformen ist ein großer Gewinn im Alltag: Man hat nicht nur mehr Möglichkeiten des Tuns, sondern kann sich auch intensiver auf die einzelne Tätigkeit einlassen – die Kinder gleichermaßen wie die Erzieherinnen. Man stelle sich doch einfach als Erwachsener vor, man möchte in Ruhe ein detailgetreues Modellflugzeug zusammen bauen – während im gleichen Raum lautstark eine Skatrunde stattfindet, ein Ballspiel in vollem Gange ist, jemand den Tisch für das Abendessen deckt und zwei sich über die Wahl des Fernsehprogramms streiten! Ganz klar – Übertreibung macht anschaulich, Erwachsene haben jedoch gelernt, ihren unterschiedlichen Interessen auch räumlich getrennt nachzugehen. Neben allen Funktionsräumen ist wohl eine Art „Heimathafen" bedeutsam – vergleichbar mit dem Wohnzimmer einer Wohnung: hier trifft man sich, hier kann man einfach nur Beisammensein – ohne etwas „tun" zu müssen, hier „gehört" man hin. Das kann nach wie vor der Gruppenraum sein, der Treffpunkt der Bezugsgruppe – aber auch die Kindercafeteria.

„Ich finde, aus jedem Kindergarten kann man ein Offenes Haus machen ... – das Einzige ist: Man muss sein Haus unter einem anderen Gesichtspunkt anschauen."

Natürlich lässt es sich in kleineren Einrichtungen einfacher offen arbeiten, natürlich erleichtern geeignete Räumlichkeiten den Alltag, ideale personelle Besetzung lässt viele Schwierigkeiten schon im Vorfeld ausschließen – dass Offene Arbeit auch unter weniger idealen Voraussetzungen möglich ist, beweist eindrucksvoll die Praxis. Selbstverständlich erfordert dies Flexibilität, mehr Absprache, andere Organisationsstrukturen – und manchmal eben auch das Akzeptieren: Nicht alles ist überall möglich.

Rahmenbedingungen können erleichtern oder erschweren – wer wirklich öffnen will, passt die Gegebenheiten seinen Bedürfnissen und Zielen an!

5.2. sozialstrukturelle Faktoren

5.2.1. auf die Erzieherinnen bezogen

- **Qualifikation des pädagogischen Personals**

„Um ein Konzept auch richtig professionell umsetzen zu können, braucht man einfach auch qualifizierte Mitarbeiterinnen – genügend!" Das in Kindergärten tätige pädagogische Personal sind Fachkräfte nach dem KGaG Baden-Württemberg, in der Regel Sozialpädagoginnen oder Erzieherinnen als Leiterinnen, Erzieherinnen als Gruppenleiterinnen und Kinderpflegerinnen als Zweitkräfte. Der Berufsabschluss selbst sagt im Alltag jedoch wenig über die tatsächlichen Fähigkeiten aus. Mit ‚qualifizierten Mitarbeiterinnen' ist da vermutlich Anderes gemeint: Vielmehr kommt es wohl in Zeiten wandelnder gesellschaftlicher Bedingungen und neuer Erkenntnisse zu Bildungstheorien und Lernverhalten auf grundsätzliche Kompetenzen an: die Bereitschaft, sich auf Neues einzulassen und unbekannte Wege zu gehen, die Fähigkeit sich mit neuen Erkenntnissen auseinander zu setzen und einen eigenen Standpunkt dazu zu bilden. *„Die Arbeit wird sich ja immer verändern – weil sich die Kinder verändern und die Zeiten verändern, die Konstellation der Kinder. Da muss man immer schauen, wo man ansetzt."*

In der täglichen pädagogischen Arbeit bedeutet dies die Bereitschaft, sich ständig fortzubilden und regelmäßig die eigene Arbeit und Haltung kritisch unter dem Gesichtspunkt der sich verändernden Bedürfnisse zu hinterfragen. Gerade in der Offenen Arbeit, deren Grundlage und Motor der ständigen Weiterentwicklung die Handlungsforschung darstellt, sind solche Kompetenzen von zentraler Bedeutung für das Gelingen in der Praxis.

- **Alter des pädagogischen Personals**

Zur Frage, ob das Alter der Mitarbeiterinnen in Kindertageseinrichtungen entscheidenden Einfluss auf den Prozess der Öffnung im Kindergarten hat, kann aus meinen Interviews keine schlüssige Erkenntnis gezogen werden.
Das Durchschnittsalter liegt bei vier der interviewten Einrichtungen bei 32-33 Jahren, nur ein Kindergarten liegt da deutlich höher. Gerade in diesem Kindergarten herrscht derzeit große Unzufriedenheit mit der Alltagsgestaltung nach dem Offenen Konzept. Es scheint den Erzieherinnen schwer zu fallen, trotz bewusster Bewerbung auf das Offene Konzept auch wirklich offen zu sein. (siehe Kapitel 5.3.1.)
Hier lässt sich die Vermutung aufstellen, dass das höhere Durchschnittsalter der Erzieherinnen eine nicht unerhebliche Rolle in diesem Prozess der inneren Öffnung spielt. Es bleibt eine Vermutung, denn auch in einem der Kindergärten mit jüngeren Mitarbeiterinnen beharrt das Team auf traditionelle Gruppen- und Raumstrukturen – mit der Begründung der besonderen Bedürfnisse seines Klientels. (siehe Kapitel 5.2.2.)

- **Vorerfahrungen**

Wie in Kapitel 2.4. deutlich wurde, ist der Anteil der Erzieherinnen, die bereits Erfahrungen in der Arbeit nach dem Offenen Konzept sammeln konnten, in den von mir interviewten Einrichtungen verschwindend gering. *„Die Erzieherinnen sind schon für die Offene Arbeit eingestellt worden, aber ... bei der Offenen Arbeit gibt's ja auch wahnsinnig große Unterschiede und es war so, dass eigentlich kaum jemand Erfahrung hatte."*

Vorhandene Erfahrungen können die Umsetzung des Konzeptes erleichtern, doch nur, wenn man sich dessen bewusst ist, dass jeder Kindergarten seine eigene Form entwickeln muss, dass sich Konzepte anderer Einrichtungen eben nicht übertragen lassen. Insofern kann der Mangel an Vorerfahrungen nicht als Stolperstein auf dem Weg der Öffnung angesehen werden.

5.2.2. *auf die Kinder bezogen*

- **Alter der Kinder**

In den interviewten Einrichtungen werden Kinder im Alter von drei bis sechs Jahren betreut – das Regelalter für Kindergartenkinder. Darüber hinaus werden zwei der Einrichtungen ebenfalls von Kindern im Schulalter bis elf Jahre besucht. In der Literatur wird beschrieben, wie auch jüngere Kinder in ein Offenes Haus integriert werden können: Sie finden sich als Teilgruppe in einem Raum zusammen, „bis bei ihnen die Sicherheit und das Interesse für den ganzen Kindergarten gewachsen sind."[43]

Auch bei den dreijährigen Kindern wird im Alltag beobachtet, dass sie in der Anfangsphase ihres Kindergartenlebens ein besonderes Sicherheits- und Bindungsbedürfnis signalisieren: *„Bei den Kleinen war es schon so, dass sie sich eben an die Bezugserzieherin angehängt haben und dann eben in dem Raum waren, wo die Bezugserzieherin war, was ich aber auch nicht schlimm finde – weil wir ja alle zwei Wochen wechseln. So haben die Kinder nach und nach alle Räume kennen gelernt und ... sich dann auch nach und nach gelöst."*

Dass selbst junge Kinder, die entsprechende Geborgenheit erfahren und denen Zeit gelassen wird, schließlich in der Lage sind, alle Möglichkeiten eines Offenen Kindergarten für sich zu nutzen, zeigen die Beispiele in den interviewten Kindergärten – hier haben alle Kinder vom gesamten Haus Besitz ergriffen und wählen unter den vorhandenen Räumlichkeiten für Tätigkeiten nach ihren Interessen aus.

- **Kinder mit und ohne Behinderung**

Das Menschenbild der Offenen Arbeit distanziert sich von einer Defizitorientierung – das schlägt sich auch und im Besonderen in einer selbstverständlichen gemeinsamen Betreuung und Erziehung von Kindern mit und ohne Behinderung im Kindergarten nieder. Mit dieser Integration wird zugleich den gesetzlichen Bestimmungen des Kindergartengesetzes Baden-Württemberg (KGaG § 2 Abs. 2)[44] Rechnung getragen. Behinderte Kinder sind gleichwohl Akteure ihrer Entwicklung und bestimmen ihr Entwicklungstempo selbst. Individuelle Entwicklungsbedürfnisse signalisieren auch nicht behinderte Kinder, die in den Einrichtungen „durch entsprechende Betreuung und Förderung aufgegriffen werden müssen".[45]

Kinder, die unter besonderen Umständen die Welt erobern, brauchen wohl ähnlich den jüngeren Kindern mehr Zeit und Geduld sowie Verständnis von allen Beteiligten – die Entwicklungschancen, die ein Offenes Haus ihnen bietet, können sie gleichermaßen nutzen. Voraussetzung dafür ist, die Gegebenheiten so zu gestalten, dass sich Kinder mit Behinderungen im Kindergarten so weit wie möglich ebenso selbstständig bewegen und leben können wie alle anderen Kinder auch.

- **Soziale Struktur des Lebensumfeldes der Kinder**

Zur Frage, ob Offene Arbeit für eine bestimmte soziale Schicht besser oder schlechter geeignet ist, gibt es ganz unterschiedliche Meinungen. In der Theorie wird die Situation von Kindern in sozialen Brennpunkten als eine besondere angesehen: Sie erleben weniger Struktur und Orientierung, erfahren weniger verlässliche Fürsorge.[46] Kennzeichnend für soziale Brennpunkte ist oft die hohe Zahl von Bürgern ausländischer Herkunft. Für Kinder in einem solchen Lebensumfeld scheinen Kindergärten mit den herkömmlichen Gruppenstrukturen eher geeignet. Die Leiterin eines meiner interviewten Kindergärten nennt genau diese besondere Lebenssituation als

---

[43] Regel/Kühne 2001, S. 52
[44] vgl. Vogt 1997, Teil 2 - 21.00, S. 1
[45] Regel/Kühne 2001, S. 52

[46] vgl. ebenda, S. 51

Grund für die Entscheidung, in ihrem Kindergarten bei einer Teilöffnung im Sinne von bestehenden Gruppenräumen und –strukturen mit mehr Spielmöglichkeiten im Freispiel und gruppenübergreifenden Aktivitäten zu bleiben.

Die Teams der beiden anderen Kindergärten in eben solchen urbanen, interkulturellen Stadtteilen haben da eine andere Sichtweise: Offene Arbeit wird hier selbstverständlich als Weg angesehen, gerade diese Kinder in ihrem Selbstbewusstsein zu stärken und ihnen alle Möglichkeiten für ihre Entwicklung zu bieten. Für sie gibt es eher ganz praktische Stolpersteine – da ein großer Teil der sozial benachteiligte Familien ausländischer Herkunft ist, kommen Probleme der Kommunikation und oft immenser kultureller Unterschiede hinzu: *„Viele von den neuen Kindern konnten am Anfang überhaupt kein Deutsch. ... Denen hat man eine Regel nicht erklären können. Sie haben es verbal nicht verstanden. Da ist man dann oft durchs Haus hinterher geflitzt, um sie wieder einzusammeln.“*

Mit Schwierigkeiten der verbalen Verständigung haben allerdings auch Erzieherinnen traditioneller Kindergärten in sozialen Brennpunkten tagtäglich zu kämpfen.

Die Schlussfolgerung, ein hoher Anteil von Kindern ausländischer Herkunft im Kindergarten stünde der Offenen Arbeit entgegen, lässt sich also so nicht ziehen. Es gilt, genauer hinzuschauen, denn es ist nicht der Anzahl der ausländischen Kinder an sich, sondern die besondere Lebenslage, die die Offene Arbeit im oben genannten Kindergarten erschwert: Hier leben vor allem Kinder mit traumatischen Erlebnissen aus Kriegsgebieten der ehemaligen jugoslawischen Föderation; Kinder, die in Wohnheimen aufwachsen; Kinder, deren Familien aufgrund laufender Asylverfahren ständig in der unsicheren Situation zwischen Bleiben und Gehen schwanken.

<u>Fazit</u>

„Von Seiten der Kinder gibt es keine Gründe, warum Offene Arbeit nicht gelingen soll.“ - fasst eine der Interviewten die Aspekte zusammen, die die Kinder betreffen. Gleiches gilt im Grunde für die Erzieherinnen: Es gibt keinen sozialstrukturellen

Faktor, der der Öffnung des konzeptionellen Rahmens im Kindergarten grundsätzlich entgegensteht. Alter oder Entwicklungsstand der Kinder erfordern wohl ein besonderes Augenmerk, kompetente Ausbildung und Vorerfahrungen des pädagogischen Personals können das gemeinsame Entwickeln und Umsetzen des neuen Konzeptes erheblich erleichtern – doch auch hier gilt: Wer öffnen will, kann auch unter erschwerten Bedingungen Wege finden, Offene Arbeit als Alltagskonzept umzusetzen.

In besonders schwierigen Lebenslagen ist verständlich, dass Grundbedürfnisse vor Bedürfnissen persönlicher Entwicklung und Entfaltung stehen – sie sollten jedoch nicht aus den Augen verloren werden, vor allem deshalb, weil natürlich auch in einem solchen Kindergarten Kinder anderer sozialer Schichten und anderer Lebensumfelder vertreten sind.

5.3. in der Person liegende Faktoren

5.3.1. Haltung der Erzieherinnen

Einer der interviewten Kindergarten versucht seit Jahren alles Erdenkliche, damit die Kinder die ihnen gebotenen Möglichkeiten der Funktionsräume auch nutzen, doch unterm Strich vergeblich: *„Die Kinder kleben an ihren Räumen – anders kann ich es nicht ausdrücken. Wenn man sagt: komm, wir gehen jetzt mal da rüber und spielen zusammen in der Bauecke, dann gehen sie mit – und wenn die Erzieherin zurückgeht, gehen sie auch."*

In meinen Augen wird gerade im letzten Satz deutlich, woran es wirklich liegt, dass die Kinder am liebsten in „ihren" Räumen spielen: Die Erzieherinnen fühlen sich in „ihren" Räumen am Wohlsten! Kinder spüren so etwas – im Grunde ist es in diesem Kindergarten nie wirklich gelungen, alle Kinder vom gesamten Haus Besitz ergreifen zu lassen. Da nutzten auch all die gut gedachten Schritte der Öffnung nichts: Es wurde hospitiert, es wurde besucht, es wurden Gruppenräume getauscht – und doch: am Ende gingen die Erzieherinnen und mit ihnen die Kinder wieder zurück in ihren angestammten Raum, egal ob Gruppenraum oder später Funktionsraum.

Die Leiterin eines anderen Kindergartens machte früh diese Personifizierung der Räume und der Zuständigkeiten als Stolperstein der Öffnung aus: *„Das war hier am*

Anfang ganz extrem ... Wenn ein Kind irgend etwas fragte, dann hieß es: ‚Geh mal zu [Maria] *und frag sie!‘ Also, die Erzieherin konnte nicht Verantwortung für das andere Kind aus der anderen Gruppe übernehmen. ... Oder auch beim Spielzeug: ‚Das gehört in* [Maria's] *Gruppe.‘* “

In den anderen drei Kindergärten mit Funktionsräumen dagegen haben alle Kinder trotz Strukturen wie Bezugserzieherin und/oder entsprechenden Raum das gesamte Haus gleich einer großen Wohnung für sich erobert und suchen sich ganz selbstverständlich den Aufenthaltsort nach ihren Interessen aus.

Es genügt eben nicht, die Vorteile der Offenen Arbeit zu sehen und das Beste für die Kinder zu wollen – die offene Grundhaltung muss von jeder einzelnen Erzieherin im Team verinnerlicht worden sein: *„Das ist ein Prozess, den du erst mal umwandeln musst, der muss in dir stattfinden, zuerst einmal!“* Erst dann kann sie das Konzept auch wirklich im Alltag leben.

Einer der Knackpunkte in dieser Auseinandersetzung mit dem Konzept – und eine der Hauptaufgaben einer Erzieherin – ist die Aufsichtspflicht über die ihr anvertrauten Kinder. Auch wenn natürlich Erzieherinnen ähnlich den Eltern gesetzlich verpflichtet sind, dem Alter der Kinder angemessen „die wachsende Fähigkeit und das wachsende Bedürfnis zu selbstständigem verantwortungsbewusstem Handeln“ (§ 1626 Abs. 2 BGB) zu berücksichtigen und entsprechende Freiräume zu schaffen – über den Köpfen vieler Erzieherinnen schwebt das Thema Aufsichtspflicht nach wie vor wie ein Damoklesschwert. Und so verwundert es nicht, dass viele Erzieherinnen Probleme damit haben, Kindern im Kindergarten das eigenständige und auch unbeobachtete Spiel zuzutrauen, und zwar in einer Form, in der alle Beteiligten ein gutes Gefühl damit haben: *„Das ist immer noch unser Diskussionspunkt: Wie weit öffne ich mich, wie weit kann ich die Kinder von mir weglassen ohne sie zu beaufsichtigen?“*

Idealerweise, leider aber selten in der Praxis, findet dieser Prozess bei allen Erzieherinnen eines Teams in einem ähnlichen Tempo statt: *„Die beste Voraussetzung ist wohl, wenn alle im Team das zur gleichen Zeit wollen – eine Öffnung voran zu treiben, gleich motiviert sind!"*

„Ich denke, in einem Team, in dem sich Kolleginnen dagegen sperren, geht es nicht. ... Man kann es letztendlich nicht erzwingen, es funktioniert einfach nicht." Die Haltung einer einzelnen Kollegin im Team kann, wenn sie so konträr zur Einstellung aller anderen steht, das Vorhaben zum Scheitern bringen, denn es ist schwer, *„ ... Kolleginnen überzeugen zu müssen von Sachen, die man selber dann erst in der Praxis erleben kann!"*

Neben dem ehrlichen Interesse an einer offenen Arbeitsweise wird von den Erzieherinnen eine offene Haltung in Bezug auf ihre eigenen Kompetenzen erwartet, wie ich in Kapitel 5.2.1. aufgezeigt habe.

5.3.2. Haltung der Eltern

Eltern werden aus Sorge um ihr Kind von einer Vielzahl von Bedenken geplagt, wenn es um unbekannte Wege im Kindergarten geht. Das ist verständlich und gerade deshalb gilt es, „ihren Informationsbedürfnissen in vielfältiger und individueller Weise entgegen zu kommen und mit ihnen eine gemeinsame Basis durch eine inhaltliche Abstimmung zu finden. ... Nur über die Darlegung von Inhalten, Absichten, Regeln und Strukturen kann sich eine gute Zusammenarbeit entwickeln."[47]

So viel Verständnis man als Erzieherin dem entgegenbringt – es gibt Grenzen, denn Zusammenarbeit im Kindergarten schließt nicht die Mitbestimmung des pädagogischen Konzeptes mit ein.

[47] Regel/Kühne 2001, S. 57

Wie in Kapitel 4.2. beschrieben, gibt eine interviewte Leiterin den Rat, schon die Sorgen und Bedenken der Eltern ernst zu nehmen, aber sich dadurch nicht gänzlich von seinem Weg abbringen zu lassen. Regel/Kühne geben folgendes Motto mit auf den Weg, das die Möglichkeiten und zugleich die Grenzen der Zusammenarbeit von Erzieherinnen und Eltern verdeutlicht:

> „Eltern sind kompetent in Hinsicht auf ihr Kind, die pädagogischen Mitarbeiterinnen sind kompetent in Hinsicht auf die Elementarpädagogik.“[48]

Fazit

Gerade weil das Schlagwort Offene Gruppenarbeit mit sehr vielen Fantasien besetzt ist und dadurch Bedenken hervorruft, brauchen sowohl Eltern als auch Träger vor allem Transparenz. „Sie müssen wissen, wie ein Tag abläuft, wie Zuständigkeiten verteilt sind. Sie brauchen für bestimmte Fragen feste AnsprechpartnerInnen und sollten das Gefühl haben, daß ihre Bedenken angenommen werden. Darüber hinaus sollten sie das Team als ein geschlossenes erfahren, als Menschen, die wissen, was sie tun und es miteinander tun möchten.“[49]

Die Haltung der Erzieherinnen zur Offenen Arbeit und seinem zugrunde liegenden Menschenbild ist ausschluggebend für das Gelingen der Öffnung. Die Umgestaltung der Räume ist eine Seite – das innere Offensein und Wachsen ist die andere, sehr viel schwierigere Seite der Offenen Arbeit.

Solange sich die Mitarbeiterinnen in ihrer Vorbildwirkung nicht gerne und ehrlich in allen Räumen bewegen und selbstverständlich für alle Kinder Ansprechpartnerinnen sind, werden auch die Kinder nur „zu Besuch“ in fremden Räumen sein. Mehr noch: Offene Arbeit erfordert von Erzieherinnen die Bereitschaft, sich mit ihrer eigenen Lebensphilosophie und ihrem Verhalten auseinander zu setzen, sich selbst bewusster wahrzunehmen.

---

[48] Ebenda

[49] Keller 1998, S. 23

Was aber brauchen Erzieherinnen, um mit gutem Gefühl das Konzept der Offenen Arbeit als Prozess der inneren Öffnung für sich anzunehmen und im Alltag umzusetzen? Zunächst bildet ein gut funktionierendes Team die Basis, in dem jede Einzelne ihre Position im Team kennt und sie auch so akzeptiert. Das bedeutet vor allem aber klare Grenzen: In der Offenen Arbeit müssen die einzelnen Zuständigkeitsbereiche neu definiert werden – das ist nicht nur ein sensibler, sondern auch im Alltag ein anstrengender Prozess, wenn es um die Respektierung dieser Grenzen geht. Bei aller Offenheit und Toleranz - auf Dauer sind Grenzüberschreitungen nur schwer zu ertragen und müssen daher rechtzeitig kundgetan werden. Längerfristige Teamreflexionen sind unabdingbar, denn sie bieten die Möglichkeit, Ängste, Unbehagen und Wünsche anzusprechen und gemeinsam Lösungen zu suchen.

Neben klaren Absprachen und regelmäßigen Gesprächen erfordert Offene Arbeit eine Verteilung der Aufgaben in der Einrichtung so, dass alle damit gut leben können. Wenn es dem Team gelingt, seine Heterogenität als Vorteil wahrzunehmen und bewusst zu nutzen, kann jede Einzelne ihre Stärken einbringen und Begabungen gezielt für das Team einsetzen – das bringt Entlastung und Bereicherung zugleich, wie im Beispiel einer interviewten Leiterin in Kapitel 3. deutlich wurde.[50]
Konkurrenzdenken im Team sollte dann einem fairen Miteinander zum Wohle der Kinder weichen.

5.4. Faktoren der Gestaltung des Öffnungsprozesses

5.4.1. Neues Konzept: Vorgabe oder eigener Entschluss?

Hat es einen bedeutenden Einfluss auf das Gelingen, durch wen die Entscheidung zur Umsetzung des Konzeptes der Offenen Arbeit getroffen wurde?
In nur einem Fall war es bei den fünf interviewten Kindergärten keine freiwillige Entscheidung – hier gab der Träger den Anstoß zur Umwandlung des Konzeptes als Antwort auf Engpässe bei der Vergabe der Kindergartenplätze im Stadtteil. In den

[50] vgl. Keller 1998, S. 21ff

zwei neu erbauten Einrichtungen haben sich alle im Team bewusst auf die Arbeit nach dem Offenen Konzept beworben, in den anderen zwei Einrichtungen war es eine Entscheidung des Teams aufgrund konzeptioneller Weiterentwicklung.
Eine Umwandlung nach Vorgabe des Trägers ist auf den ersten Blick die ungünstigste Variante – und doch ist es kein Hinweis darauf, ob das Konzept schließlich in der Praxis angenommen wird. Gerade in diesem Kindergarten wird die Offene Konzeption angenommen und gelebt – und bildet heute einen harmonischen Alltag.
Darüber hinaus darf man nicht vergessen: Die Erzieherinnen in den neuen Einrichtungen haben sich zwar bewusst auf einen Arbeitsplatz im Offenen Kindergarten beworben, eigene praktische Erfahrungen hatte aber nur ein geringer Anteil von ihnen. Und so bleibt die Diskrepanz zwischen dem, was man theoretisch will, und dem, was man praktisch umsetzen kann.

Steht der Trägerwille der Idee von der Umsetzung des Offenen Konzeptes entgegen, ist das Vorhaben schon von Vornherein zum Scheitern verurteilt. Ein Träger dagegen, der vom Konzept und seinen Vorteilen für die pädagogische Arbeit in den Kindertageseinrichtungen überzeugt ist, kann durch seine Haltung und Unterstützung eine große Last von den Schultern der Beteiligten nehmen: *„Ein Vorteil ist, wenn der Träger dahinter steht - ... man hat schon wirklich damit zu tun, die Eltern zu überzeugen, und wenn dann noch der Träger Bedenken hat, ist es sehr schwierig."*

5.4.2. Umgestaltung oder Neuanfang?

Ob ich ein bestehendes Konzept durch Weiterentwicklung umwandle oder in einer neu erbauten Einrichtung einen Neuanfang nach dem Konzept der Offenen Arbeit plane - beide Varianten haben meines Erachtens ihre Vor- und Nachteile.
Der offensichtlichste Vorteil in der letztgenannten Form liegt neben den möglicherweise idealeren Räumlichkeiten darin, dass das Team mit entsprechender Motivation und nach persönlichen Sympathien zusammengestellt werden kann.
Ein Nachteil ist wohl, dass in der Vorbereitungszeit auf die Neueröffnung eine Unmenge von Aufgaben ansteht. Selbst wenn das Einstellungsverfahren optimal mit

Gesprächsrunden und Besichtigungen läuft – die Zeit für die Erarbeitung und Diskussion von Aspekten der ganz konkreten methodischen und organisatorischen Umsetzung des Konzeptes bleibt in den meisten Fällen wahrscheinlich nicht. *„Der Vorlauf war einfach mit so ganz praktischen Sachen besetzt, wie Sachen einkaufen, Möbel rücken, Spielsachen einräumen, Schnuppertage haben wir gemacht in der Zeit, Aufnahmegespräche."*

So wird das Team – zwar hoch motiviert, doch untereinander fremd – ins kalte, fließende Wasser geworfen, miteinander schwimmen lernen muss es selbst und zwar ganz schnell.

Genau diese Zeit zum „Schwimmenlernen" hat ein bestehendes Team in der Regel – es kann in regelmäßigen Besprechungen Stück für Stück den Weg zur Öffnung beschreiten.

5.4.3. Gewählte Form der Offenen Arbeit

Der Grad der Zufriedenheit aller Beteiligten hat ganz offensichtlich nichts mit der gewählten Form der Offenen Arbeit zu tun – das wurde in meinen Interviews deutlich. Vielmehr ist es wohl wichtig, die für Kinder, Erzieherinnen und Eltern jedes einzelnen Hauses angepasste Form der Offenen Arbeit zu finden.

So ist ein Team äußerst unzufrieden und hat alles Erdenkliche probiert und doch: Die Kinder nutzen die Chancen des Offenen Hauses nicht so wie erhofft. Am Ende liegt es aber wohl an der Einstellung der Erzieherinnen, die nicht wirklich im Herzen die Offene Arbeit in der Form mit Aufteilung des Hauses in Funktionsräume vertreten können. Und so tun sie – wenn auch unbewusst – das einzig Richtige: Sie bauen zurück, wo sie zu weit gegangen sind.

5.4.4. Unterstützung

Eine wichtige Stütze im Prozess der Öffnung stellt wohl die Fachberatung dar – alle fünf Einrichtungen nennen sie. Doch nur drei der von mir interviewten Teams waren mit der Unterstützung durch die für sie zuständige Fachberaterin zufrieden. Sie erhielten vor allem Hilfe in Form von Gesprächen: durch regelmäßige Besprechungen, Reflexionen und schließlich Konzeptionstage.

Die Leiterinnen der anderen beiden Einrichtungen bedauern, dass sie nicht auf angemessene Unterstützung durch Fachberatung bauen konnten: *„Wenig. Eigentlich keine. Wir haben das so miteinander gemacht – das war unser Ding. So wie wir jetzt arbeiten, ist durch uns entstanden."*

Auf die Frage nach der wünschenswerten Unterstützung gab es vor allem in einer Richtung Übereinstimmung: Es wurden mehr Fortbildungsmöglichkeiten gewünscht, im Idealfall für das ganze Team.

Zwei Leiterinnen entwerfen die Idee einer Unterstützung in Form von Hausseminaren: Sie stellen sich spezielle pädagogische Tage, Studientage ähnlich wie für die Lehrer in Schulen vor, an denen eine Referentin ins Haus kommt und ein bestimmtes Thema mit ihnen erarbeitet, *„praktisch zugeschnitten auf dieses Haus."*

Supervision *„von trägerfremden Personen"*, regelmäßige Besprechungen mit der Trägerschaft sowie Teampflege werden ferner als förderlich im Prozess der Öffnung genannt.

In einer besseren personellen Besetzung sehen die Befragten eine weitere wichtige Unterstützung auf ihrem Weg der Weiterentwicklung: *„Dass es einen nicht gleich aus der Bahn wirft, wenn eine Kollegin fehlt oder interne Vertretungen gemacht werden müssen."*

5.4.5. Strukturen, Regeln, Rituale – Orientierungshilfen für Kinder und Erwachsene

Auch wenn es manchem Besucher auf den ersten Blick so erscheint – im Offenen Kindergarten macht eben nicht jeder, was er will. Gerade hier sind Regeln und klare Strukturen erforderlich. Sie sind nicht dazu gedacht, Kinder in ihrer Fantasie und Entscheidungsfähigkeit einzuschränken – im Gegenteil: sie sollen Transparenz als Orientierungshilfe in Bezug auf das Zusammenleben sowie den Umgang mit Spielmaterialien ermöglichen. *„Hier ist es noch wichtiger, dass die Regeln jedem klar sind und sich jeder daran hält!"*

Strukturen, Regeln und Hinweisschilder müssen für die Kinder einen logischen Sinn ergeben und darüber hinaus für alle verständlich sein. Deshalb haben sich optische

Hilfsmittel bewährt, die eine Orientierung durch ständig wiederkehrende gleiche Symbole, Signale & Rituale bieten.

Eine wichtige Regelung für alle betrifft die **Form des An- und Abmeldens** der Kinder, wenn sie im Laufe des Freispiels die Räume wechseln. Bekannt als optisches Hilfsmittel in der Praxis ist eine sogenannte Abmeldetafel – eine Tafel, an der durch Symbole alle Räume des Hauses dargestellt sind. Die Kinder pinnen ihr Foto jeweils an den Raum, in dem sie sich gerade aufhalten. So kann jeder erkennen, wer sich wo gerade aufhält. Im Alltag hat sich diese Regelung in den interviewten Kindergärten nicht durchgesetzt: *„Die erste Zeit ging das gut, aber mit der Zeit: Die Kinder sind mal eben vespern oder zur Toilette gegangen – und irgendwie sind sie dann nicht mehr zurückgekommen und haben auch nicht mehr an das Bild gedacht, 10 Uhr hingen die Bilder von den Kindern längst nicht mehr da, wo sie wirklich waren! Dann kann man es auch sein lassen. Dann ist eher der Kontakt zu uns wichtig, zu sagen, du - ich bin jetzt da oder ich geh jetzt dort hin."*

Die wohl am weitesten verbreitete Regelung ist deshalb diese: *„Wenn man in* [einen anderen Raum] *geht, meldet man sich ab bei der jeweiligen Erzieherin und meldet sich bei der anderen Erzieherin auch an. Damit jeder Bescheid weiß, wo sich wer aufhält."*
In dem 3etagigen Kindergarten, in dem auf jeder Etage eine Erzieherin anwesend ist, bezieht sich diese ‚Meldepflicht' auf die jeweilige Etage: *„Sie suchen sich ... die Etage aus, wo sie spielen möchten. Dort müssen sie sich anmelden. ... Wenn* [das Kind] *nicht mehr will, sagt es das, räumt auf und schaut dann halt, wohin es jetzt wechseln möchte."*
Abweichend dazu ist die getroffene Regelung in einem anderen Kindergarten: Hier sollen die Kinder ihrer jeweiligen Bezugserzieherin bekannt geben, sobald sie den Spielbereich wechseln – so dass diese immer den Überblick über den Aufenthaltsort „ihrer" Kinder hat.

Als Orientierungshilfe für Eltern und Kinder, was den Aufenthalt der Erzieherin betrifft, hat sich eine entsprechende Tafel im Eingangsbereich mit den Symbolen der Räume und den Bildern der Mitarbeiterinnen bewährt – hier kann jeder auf einen Blick erkennen, wo welche Ansprechpartnerin zu finden ist.

In einigen Einrichtungen gibt es vereinbarte **Grenzen in Bezug auf die Anzahl der Kinder in bestimmten Spielbereichen**. Diese Grenzen werden beispielsweise durch Ampeln am jeweiligen Raum oder die optische Darstellung der Höchstgrenze durch entsprechende Anzahl von Kindern auf einem Schild signalisiert.
Solche Beschränkungen sollten aber nur getroffen werden, wenn sie wirklich einen logischen Sinn ergeben, z.B. bei der Anzahl der Arbeitsplätze im Werkraum, da sie den Kindern die Möglichkeit nehmen, untereinander Absprachen auszuhandeln. Einen weiteren Gesichtspunkt gegen eine pauschale Beschränkung äußerte eine interviewte Leiterin: *„Es hängt auch von den Kindern ab, wie die miteinander können – manchmal sind drei zu viel und manchmal läuft es super mit ganz vielen Kindern!“*

Eine grundlegende Vereinbarung betrifft die **Gruppenstruktur** der Einrichtung. Da sich die gesetzliche Förderung von Kindertageseinrichtungen neben der Betreuungsform an der Anzahl der Gruppen je Haus orientiert (§ 8 KGaG Baden-Württemberg), gibt es auch in Kindergärten, in denen die Gruppenzugehörigkeit aufgehoben ist, formal eine Einteilung der Kinder in Gruppen. Eine besondere Organisationsform stellt die Struktur Bezugsgruppen dar, wie sie in einem meiner interviewten Kindergärten praktiziert wird: *„Verwaltungstechnisch haben wir drei Gruppen a 24 Kinder. Wir haben es uns ein bisschen anders aufgeteilt: Wir haben fünf Gruppen gebildet, davon sind vier Gruppen mit 13 oder 14 Kindern und eine Gruppe, die ein bisschen größer ist, die 16 Kinder hat plus dann noch im Laufe des Jahres die Notplätze aufnimmt.“*

Eine solche individuelle Aufteilung erfordert auch eine entsprechende Aufteilung des Personals – denn an der personellen Besetzung ändert sich, wie in Kapitel 5.1.2.

aufgezeigt, durch die Weiterentwicklung der konzeptionellen Grundlage der pädagogischen Arbeit nichts. Im oben genannten Kindergarten wurde diese Lösung gefunden: Jede Gruppe wird durch eine Bezugserzieherin betreut, die fünfte, etwas größere Gruppe wird durch die Leiterin der Einrichtung und die Anerkennungspraktikantin gemeinsam begleitet.

Wichtig für einen reibungslosen Alltag sind klare Regeln und Absprachen, die die Zusammenarbeit und **Zuständigkeitsbereiche im Team** betreffen. In Häusern mit Funktionsräumen müssen Vereinbarungen ausgehandelt werden, wie und in welchem Rhythmus der Wechsel der Arbeitsbereiche geschieht. In manchen Kindergärten wechseln die Erzieherinnen täglich, in anderen wird alle zwei Wochen ein anderer Funktionsraum gewählt.

Ein Organisationselement, das in allen von mir interviewten Kindergärten aufgrund seiner Bedeutung im Alltag seinen Platz gefunden hat, ist der tägliche **Treffpunkt**. Er übernimmt vielfach die Funktion des herkömmlichen Stuhlkreises: *„Man guckt, wer ist da, wer ist nicht da, wo die Kinder auch oft etwas erzählen, was sie erlebt haben oder wo man zusammen die Regeln besprechen kann.“* – *„Im Anschluss daran sagen wir den Kindern, welches Angebot oder was überhaupt am Tag noch passiert.“*

Zu welchem Zeitpunkt am Tage sich Kinder und Erwachsene treffen, muss jede Einrichtung für sich bestimmen. In einem Kindergarten ist dies zur klassischen Zeit des Morgenkreises: *„9.15 Uhr – alle Kinder, Erzieherinnen und Gäste treffen sich im Mehrzweckraum zum Lied oder Fingerspiel. Dort werden Neuigkeiten bekannt gegeben."* In einem anderen Haus liegt der Treff zum Ende der gemeinsamen Zeit hin, kurz bevor alle Kinder heimgehen. In den anderen drei interviewten Einrichtungen hat der Treff seinen Platz zwischen Freispielphase und Angebotszeit gefunden.

Egal wann – wichtig ist allein, dass Kinder und Erwachsene im Offenen Kindergarten täglich einmal die Gelegenheit haben, in Ruhe miteinander ins Gespräch zu finden.

Das gilt auch und besonders für das Team – denn Offene Arbeit erfordert durch das stärkere Miteinander im Team ein erhöhtes Maß an Absprache und Information untereinander. Ein Kindergarten hat für sich diese Struktur entwickelt: *„Zwei Kolleginnen von uns fangen um sieben Uhr an mit den Kindern, die früh kommen, das sind relativ wenig. Dann um dreiviertel acht stößt praktisch der Rest des Teams dazu. ... Dann wird .. abgesprochen, was war, gab's was Auffälliges – weil ja nachmittags auch nie alle Kolleginnen da sind. Oder auch: Wer ist wo? ... Dann wird besprochen, für die Aktivität in der Bezugsgruppe – wer welche Räume braucht."*

Zum Schluss möchte ich noch zwei besondere Mittel der Organisation und Orientierung erwähnen, die mir in zwei Kindergärten aufgefallen sind:

- Ein Team hat für sich beschlossen, auf Listen täglich festzuhalten, in welchen Funktionsräumen welche Kinder gespielt haben. *„Das hat sich gut eingespielt. Mit ein Grund ist auch, dass ... für uns erkennbar ist, wo spielen die Kinder wie oft? Wir werten das Ganze auch aus."* Damit ermöglichen die Erzieherinnen den Kindern auch ein regelmäßiges Reflektieren, wie ihr Tag verlaufen ist.
- Ein Kindergarten schließlich hat für seine besondere Arbeit auf drei Etagen einen Weg gefunden, um kurze Absprachen und Informationen im Tagesablauf zu ermöglichen: *„Wir haben auf jeder Etage ein Telefon – und wenn halt etwas ist, dann ruft man schnell man an. Das ist recht häufig! ... Für unsere Arbeit sind .. diese drei Telefone sehr wichtig, dadurch sind wir immer miteinander verbunden."*

5.4.6. Zeitfaktor

Wie aus den Interviews deutlich wird, brauchen die Teams auf dem Weg zur Offenen Arbeit ganz offensichtlich eine Zeit der Verarbeitung – ich möchte es Gärung im Kopf nennen – in denen man sich mit bestimmten Aspekten der Öffnung auseinandersetzt und anfreundet.

Die Interviewten nannten Zeit als eine wichtige Bedingung im Öffnungsprozess, Zeit, um *„sich die Theorie durch die Köpfe gehen zu lassen", „mal in Ruhe an etwas zu arbeiten", „in Gesprächen den Weg finden zu können".*

Zeit ist auch deshalb eine wichtige Voraussetzung, weil die Offene Arbeit viel mehr Absprache untereinander erfordert: *„Da muss man sehr viel Zeit investieren, im ersten Jahr natürlich sowieso. Also wir haben alle Überstunden ..."*

Fazit

Kinder brauchen klare Normen und Regeln, die ihnen Überschaubarkeit und Orientierung gewährleisten. Drescher veranschaulicht dies in folgendem Beispiel: "Ein Lehrer kaufte ein großes Goldfischglas und füllte es mit Wasser. Als es Zimmertemperatur erreicht hatte, setzte er einige Fische hinein. Aber sie benahmen sich seltsam, drängten sich in der Mitte des Glases zusammen und blieben bewegungslos. Ein paar Tage später besorgte sich der Lehrer für das Glas bunte Steine. Nachdem er sie hineingetan hatte, schwammen die Fische frei herum. Die am Boden liegenden Steine zeigten ihnen die Wassergrenze an, die ihnen vorher nicht bekannt war. Auf fast dieselbe Weise fühlt sich ein Kind, das die Grenzen seines Betragens nicht kennt, unsicher und ungeliebt. Es findet Freiheit, wenn es sicher seine Grenzen kennt."[51]

Freiheit kann man also – wie paradox dies zunächst auch erscheinen mag – erst durch Grenzen erkennen und wertschätzen.

Grenzen, Regeln und Strukturen ermöglichen dem Kind im Offenen Kindergarten, seinen Alltag selbstbestimmt und ohne ständiges Nachfragen zu gestalten. Sie müs-

[51] Drescher 1995, S. 90f

sen für alle Kinder logisch und durchschaubar sein – und sollten deshalb mit den Kindern gemeinsam erarbeitet werden.

Die Anzahl der pädagogischen Mitarbeiterinnen in den Kindergärten unterscheidet sich nicht bei ähnlich vielen Kindern. Durch eine spezielle Gruppenstruktur wurde aber in einer Einrichtung eine Möglichkeit gefunden, eine angemessenere Betreuung der Kinder in kleineren Bezugsgruppen zu bieten – in meinen Augen ein gelungener Weg, dem gerade in Offenen Häusern bei aller Freiheit verstärkten Bedürfnis nach konstanter enger Bindung und festen Ansprechpartnerinnen bei Kindern, Eltern und Erzieherinnen zu entsprechen.

Das Tempo und die Ausgestaltung der Öffnung und der Veränderung des Rahmens mit oder ohne Stammgruppen hängen von der Situation der Kinder, des Teams und von den örtlichen Gegebenheiten ab. Die Erfahrungen zeigen, dass der Weg dahin zwei bis drei Jahre dauert, manchmal auch länger. Entscheidend ist dabei jedoch, sich immer des Prozesscharakters der Öffnung bewusst zu sein. Jeder Schritt in Richtung einer Öffnung ist Offene Arbeit, die zu qualitativen Veränderungen für die Kinder und ihre Entwicklung führt.[52]

6. Resümee

In Kapitel 2. sprach ich vom erbitterten Wort-Krieg um das Für und Wider der Offenen Arbeit, der scheinbar nicht enden wollend in der Fachliteratur geführt wird und Erzieherinnen, Träger und Eltern verunsichert. Die Fronten manifestieren sich dabei in Gerhard Regel und Norbert Huppertz – beides viel beachtete und viel gelesene Koryphäen der Vorschulpädagogik. Huppertz warnt vor den „fatalen Entwicklungen“ und befürchtet, dass Kinder in Offenen Kindergärten im Chaos versinken. Das sind – seiner Ansicht nach – Kindergärten, in denen die Aufsichtspflicht vernachlässigt wird, keinerlei inhaltliche Angebote erfolgen und die Erzieherinnen keine Beziehung zu den Kindern haben und umgekehrt. Dass Offene Arbeit auch posi-

[52] vgl. Regel/Kühne 2001, S. 20

tiv sein kann, bezweifelt er, solange nicht der tatsächliche erziehungswissenschaftliche Nachweis erbracht worden ist.[53]
Während Norbert Huppertz seit Jahren gegen das Konzept spricht – den Höhepunkt stellte wohl die polemische Darstellung seiner Version der Offenen Arbeit im Artikel: „Haben Sie schon Ihren Kindergarten auf den Kopf gestellt?"[54] dar – entwickelt Gerhard Regel unbeirrt theoretische Grundlagen wie die Strukturmerkmale (siehe Kapitel 1.4.) und ermutigt in eigenen Fortbildungsveranstaltungen zur Öffnung nach innen und außen.

Und dennoch – selbst bei „Hardliner" Norbert Huppertz hat sich offenbar im Laufe der Jahre die Sichtweise auf das Konzept der Offenen Arbeit ein wenig gewandelt: In seiner Publikation „Kindergärten für Kinder" von 1999 führt er den Offenen Kindergarten – wenn auch am Ende – als pädagogischen Ansatz im Kindergarten auf und gibt Anne Ulrich mit ihrem Beitrag Gelegenheit, einen „vernünftigen Weg" aufzuzeigen, „wie ihn eine gestandene Erzieherpersönlichkeit geht und wo Kinder keinen Schaden nehmen müssen".[55]

Ich selbst habe mich lange gegen das Konzept der Offenen Arbeit gesperrt – ich hatte nicht verstanden, welche Chancen darin liegen: Dass es weniger um die Umsetzung einer Theorie um ein neues Raumkonzept, sondern vielmehr um die Nutzung vorhandener Ressourcen, um die Orientierung an den Bedürfnissen der Kinder – ja, um ein verändertes Bild vom Kind geht. Offene Arbeit bedeutet Offenheit als Grundprinzip. Es ist im Grunde wie mit allen pädagogischen Konzepten: Wer Spiegel aufstellt und mit Kindern an der Staffelei malt, ist noch lange kein Reggio-Pädagoge, wer mathematisches Lernmaterial aus Würfeln und Perlen zur Verfügung stellt, wird noch längst nicht der Montessori-Pädagogik gerecht! Hinter jedem Konzept steht eine aus einem bestimmten Menschenbild folgende Grundhaltung gegenüber Kindern und ihrem Entwicklungsweg. Wer diese jeweilige Einstellung nicht

---

[53] vgl. Huppertz 1999, S. 10f

[54] vgl. Huppertz 1992
[55] Huppertz 1999, S. 11

erkennt und von ganzem Herzen vertreten kann – der wird auch im Alltag aus den Elementen der sichtbaren Seite der Offenen Arbeit, den Gestaltungselementen wie Raum- und Organisationsstrukturen, keinen wirklichen Gewinn ziehen können.

„Der Begriff des offenen Kindergarten beschreibt weniger ein Programm für die konkrete Alltagsgestaltung als vielmehr eine Haltung und Einstellung von Erwachsenen im pädagogischen Umgang mit Kindern in Richtung auf mehr Autonomie und Selbstorganisation bei Lern-, Entwicklungs- und Bildungsprozessen.“[56]

Wenn Offene Arbeit also zunächst eine Haltung darstellt, kann auch nur diese Haltung, wenn sie eben nicht verinnerlicht wird, zum Scheitern des Konzeptes führen.

„Der Offene Kindergarten kann nie offener sein als die Menschen, die in ihm leben und arbeiten.“[57]

Die Haltung des Einzelnen ist auch der Grund dafür, dass es eben nicht d e n Offenen Kindergarten gibt, sondern Formen der Öffnung – wohl so viele, wie es Kindergärten gibt. Jedes Team, jeder Kindergarten kann und muss für sich die Form der Öffnung finden, die den Bedürfnissen der Kinder und ihrer Eltern, aber auch den Bedürfnissen der Erzieherinnen und nicht zuletzt des Träger entspricht – die Form, mit der alle gut leben können.

Alle anderen Faktoren können den Prozess der Verinnerlichung und schließlich der Umsetzung erleichtern oder erschweren, wirklich unmöglich machen kann dies neben der Einstellung der Erzieherinnen im Grunde nur der Trägerwille: Er hat als Träger von Einrichtungen das letzte Wort bei der Bestimmung des pädagogischen Konzeptes.

---

[56] Regel/Kühne 2001, S. 21
[57] Regel/Wieland 1993, S. 11

In Kapitel 1.3. habe ich in Anlehnung an Regel/Kühne von der sichtbaren und unsichtbaren Seite der Offenen Arbeit gesprochen. Auf beiden Ebenen befinden sich die Erzieherinnen für und mit den Kindern in einem kontinuierlichen Prozess, der dafür sorgt, dass Pädagogik zu einer „unendlichen Geschichte" wird.[58] Wer sich erst einmal auf den Weg dieser unendlichen Geschichte begeben hat, wird auch immer wieder Möglichkeiten sehen, für weniger ideale Bedingungen und Stolpersteine gemeinsame Lösungen zu finden. Mit einem Sprichwort von Emil Gött möchte ich allen interessierten Erzieherinnen Mut machen, sich auf diesen Weg zu begeben:

„Man kann erst steuern, wenn man Fahrt hat!"

[58] Regel/Kühne 2001, S. 21

Literaturangaben

Basis dieser Ausarbeitung bildet die Diplomarbeit: „Offene Arbeit in Kindertageseinrichtungen“ von **Cornelia Weise**, erstellt an der Fachhochschule Esslingen – Hochschule für Sozialwesen, University of Applied Sciences, Oktober 2001.

Becker-Textor, Ingeborg / **Textor**, Martin R.: Der offene Kindergarten – Vielfalt der Formen. Freiburg i. B. 1997

Dörfler, Mechthild: Der offene Kindergarten – Ideen zur Öffnung aus Theorie und Praxis. In: Deutsches Jugendinstitut (DJI) (Hg.): Orte für Kinder. München 1994

Dreier, Annette: Reggio-Pädagogik. In: Deutscher Verein für öffentliche und private Fürsorge (Hg.): Fachlexikon der sozialen Arbeit. Frankfurt a. M. 1997

Drescher, John M.: 7 Dinge, die Ihr Kind braucht. Asslar 1995

Huppertz, Norbert: Haben Sie schon Ihren Kindergarten auf den Kopf gestellt? In: Kindergarten heute - Zeitschrift für Erziehung. Freiburg i. B. 1/ 1992

Huppertz, Norbert (Hg.): Kindergärten für Kinder. Freiburg i. B. 1999

Irskens, Beate: Fachberatung. In: Deutscher Verein für öffentliche und private Fürsorge (Hg.): Fachlexikon der sozialen Arbeit. Frankfurt a. M. 1997

Keller, Alice: Offene Gruppenarbeit – mit uns nicht? In: Entdeckungskiste – Fachliteratur für Vorschulpädagogik. St. Ingbert 1-2/ 1998

Ministerium für Kultus und Sport Baden Württemberg (Hg.): Lebensraum Kindergarten. Pädagogische Anregungen für Ausbildung und Praxis. Freiburg i.B. 1981

Nagel, Gudrun: Konzept und Konzeptentwicklung. In: Büttner, Christian/ Dittmann, Mara (Hg.): Kindergartenprofile – Praxisberichte für die Ausbildung. Weinheim – Basel 1999

Regel, Gerhard: Zusammenwirkende Strukturelemente offener Kindergartenarbeit. In: Kindergarten heute - Zeitschrift für Erziehung. Freiburg i. B. 3/ 1992

Regel, Gerhard/ **Wieland**, Axel (Hg): Offener Kindergarten konkret. Hamburg 1993

Regel, Gerhard/ **Kühne**, Thomas: Arbeit im offenen Kindergarten. Freiburg i. B. 2001

Stascheit, Ulrich (Hg.): Gesetze für Sozialberufe (Band 1). Baden-Baden 1996

Tenorth, Heinz-Elmar: Anthropologie. In: Deutscher Verein für öffentliche und private Fürsorge (Hg.): Fachlexikon der sozialen Arbeit. Frankfurt a. M. 1997

Ulrich, Anne: Der offene Kindergarten – Entwicklung und Voraussetzungen. In: **Huppertz**, Norbert (Hg.): Kindergärten für Kinder. Freiburg i. B. 1999

Vogt, Rudolf: Kindertageseinrichtungen in Baden-Württemberg. Kronach–München–Bonn 1997

MIX
Papier aus verantwortungsvollen Quellen
Paper from responsible sources
FSC® C105338

Printed by Books on Demand GmbH, Norderstedt / Germany